Birgit Jankovic-Steiner & Anna Bacher

Geschichten der magischen Zauberwälder

www.die-umdenkerei.com

Inhaltsverzeichnis

Vorwort	6
Danksagung	12
Wie alles begann	13
Wald des Loslassens	37
Wald der Gedanken	57
Wald der Gefühle	76
Wald der Geheimnisse	94
Wald der Kommunikation	112
Wald der Träume & Visionen	126
Wald deines Lebens	139
Nachwort	156
Autorinnen	160
Buchtipp	164
Haftungsausschluss/Urheberrecht	165
Impressum	166

Vorwort

Liebe Kinderseele

"Anders sein, in der Schule gemobbt werden, schlechte Noten und nicht viele Freunde zu haben", dies ist mir nicht fremd.

Mein Name ist Birgit Jankovic-Steiner. Ich bin mittlerweile 37 Jahre alt und ich habe in meinem Leben gelernt, dass „anders sein" oftmals Herausforderungen mit sich bringt.

Was meine ich mit "anders sein"?

Ich bin gerne für mich allein, erlebe in meinem Leben viele verrückte Sachen, war auch in der Schule oftmals nur mit mir, kann Gefühle spüren bei Menschen, denen es nicht gut geht, führe eine magische Hexenschule in Wien und ich liebe es, meine Zeit mit Tieren zu verbringen.

Tiere wie Miranna, die du noch in diesem Hörbuch kennenlernen wirst. Sie ist ein mystisches Fabelwesen mit den größten Augen, die ich kenne und einem riesengroßen Herz.

Ich arbeite normalerweise mit erwachsenen Personen, wie zum Beispiel deinen Eltern oder größeren Geschwistern.
Selbst habe ich 4 Bonuskinder und 2 wundervolle Nichten. Vielleicht gerade deshalb habe ich das Gefühl, dass ich jedem jungen Wesen diese Geschichten aus dem magischen Zauberwald gerne widmen möchte.

Womöglich bist du ein Kind, das neugierig auf diesen geheimen Wald ist und bist schon gespannt, wie die Geschichten von Marla unserer Hauptfigur ausgehen.

Marla wohnt in einem Fabeldorf, in dem es keine Schule gibt, dort wird nicht mit Geld bezahlt, jeder der Einwohner kann sich seine eigene Wahrnehmung zaubern und ihre Eltern sind magische Zauberwesen.

Ich selbst wuchs in einem kleinen Dorf mitten in den Bergen von Österreich auf. Als Kind hatte ich drei Freunde. Freunde, die andere nicht sehen konnten. Ich unterhielt mich oft stundenlang mit ihnen auf meinem Lieblingsbaum, einer dicken Eiche.

Doch als ich in die Schule kam, sagte meine Mutter zu mir, dass ich meine Freunde verschwinden lassen müsste, denn andere Kinder könnten mit dem, was ich ihnen von meinen – nicht sichtbaren - Freunden erzählte, nicht umgehen.
Meine drei Freunde aus meiner Kindheit sind in diesem Buch anzutreffen, ich habe sie wieder zum Leben erweckt. Vielleicht hast du eine Idee, welche dies sein könnten?

Meine Bonuskinder lehrten mich, dass es enorm wichtig ist, Kinder zu stärken, sie so anzunehmen, wie sie sind. Genau das möchte ich mit dem magischen Zauberwald auch bei dir machen:

Dich in deiner Gabe zu stärken,

Dir Grundsätze, die im Leben wichtig sind, übermitteln,

Dir zeigen, dass deine Fehler und Schwächen zu deinen besten Freunden werden können,

Dich in der neuen Welt des Internets unterstützen,

Dir vermitteln, dass du immer geliebt wirst, wie zum Beispiel von Miranna, dem Fabelwesen mit den größten Augen weit und breit und Arme, mit denen sie dich umarmen und immer für dich da sein kann. In guten wie in weniger guten Zeiten.

Dieses Buch ist mein Herzensprojekt für dich.

Ein Herzensprojekt für jedes einzelne Kind auf der ganzen Welt. Es ist eine Zauberreise, die dir helfen kann, wenn du Probleme in der Schule hast, oft komische Gedanken denkst, nicht weißt, wie du mit Gefühlen oder Geheimnissen umgehen sollst, die dir vielleicht

Bauchweh machen und du nicht gut mit deinen Mitschülern oder Eltern klarkommst.

Marla ist die Hauptfigur dieses Buches. Sie ist anders, muss eine große Entscheidung treffen und dabei kann ihr nur Miranna helfen, das Fabelwesen aus dem magischen Zauberwald, das noch nie jemand gesehen hat.

Diese Geschichten sollen dir Kraft geben und dir zeigen, dass jedes Problem, jede schwierige Zeit, auch etwas Positives mit sich bringt. Damit du besser mit anderen Kindern auskommst, du genau weißt, welche Talente in dir schlummern und was es bedeutet, dich jeden Tag gut und glücklich zu fühlen.

Du musst dir nur die Kunst aneignen, es sehen zu können. Und das kannst du, das weiß ich. Und du weißt das auch, ganz tief in deinem Herzen.

Viel Freude beim Lesen, dieses magischen – geheimnisvollen Buches.

Und wer weiß, vielleicht zeigt sich Miranna auch dir und begleitet dich dein restliches Leben. Bei mir ist es so.

Danksagung

Ich möchte mich besonders bei meiner lieben Familie bedanken, denn es sind die Menschen, die mich so nehmen wie ich bin.

„Der bunte und verrückte Vogel der Familie Steiner"

Der Dank gilt besonders meinen Eltern Barbara und Eduard. Zwei Menschen, die ohne Bewertung von anderen ihr Leben leben, die mir gezeigt haben, dass alte Bräuche wichtig sind und die mir jeden Tag die Zuversicht geben, mit all meinen Fehlern und Schwächen angenommen zu werden.

Ohne euch wäre ich nicht die Person, die ich bin.

In Liebe eure Birgit

Wie alles begann

"Marla, du musst dich entscheiden. Wo willst du hingehören?", fragte Marlas Mutter sie. Die kleine Marla zitterte am ganzen Körper. Sie wusste es nicht: „Ich habe keine Ahnung, bitte, bitte, ich möchte diese Entscheidung nicht treffen müssen. Ich bin noch nicht so weit."

Mit einem starren Blick sah sie ihre Mutter an, welche erwiderte: „Aber du weißt, Marla, irgendwann musst du dich entscheiden und je früher du das machst, desto eher kannst du deine Rolle im Leben annehmen."

Sie blickte zu ihrem Vater. Auch dieser machte ihr Mut: „Marla, du weißt genau, was richtig ist. Höre auf dich."

Marla schlotterte am ganzen Körper. Die Tränen flossen über ihr zierliches Hexengesicht und am liebsten wollte sie weglaufen, im Erdboden versinken und sich dieser Situation entziehen. Sie wollte ihrem Leben entfliehen und wusste nicht mehr, wo sie hingehören würde. Mit einem Satz sprang sie aus dem Moment heraus und fing an zu rennen. Sie rannte und rannte.

Ihr Ziel war ein nahegelegenes Waldstück. Sie hörte nicht auf zu rennen, bis ihr die Luft wegblieb. Marla wollte alleine sein, sie wollte aus ihrem Leben für einen kurzen Moment aussteigen, um nicht mehr dazu gedrängt zu werden, Entscheidungen zu treffen. Denn das konnte sie nicht.

Sie konnte nicht einordnen, was richtig und was falsch war, und sie wusste auch nicht, wo um alles in der Welt sie hingehören würde.

Marla war eine kleine Hexe. Aber keine Hexe im herkömmlichen Sinne, denn sie war kein Mädchen und auch kein Junge. Sie hatte verborgene Kräfte in sich, die sie nicht steuern konnte. Sie war weder Kind noch Mensch.

 Deshalb möchte ich dir ihre Geschichte erzählen, denn ihr Leben ist in den wenigen Jahren schon durch viele Höhen und Tiefen gegangen.

Das, was du gerade mitbekommen hast, war der Versuch einer Entscheidung zwischen der grauen und weißen Magie. Marlas Mutter war eine große Hexe und ihr Vater ein großer Hexer. Marla wuchs am Rande des magischen Zauberwaldes auf, einem Wald, wie du ihn noch nie zuvor gesehen hast.

In ihrem kleinen Dorf gab es die unterschiedlichsten Wesen. Einige davon waren gut und wieder andere waren böse. Sie hatten dort keine Schule, wie du es wahrscheinlich kennst. Sie übten direkt von ihrem Leben, das alle oft herumschubste und sie in Fehler laufen ließ, um daraus zu lernen.

Es gab keine Generalprobe für jenes Schauspiel, denn sie alle lebten in ihm. Sie hatten auch kein Geld in ihrem Dorf, um sich etwas zu kaufen. Den Wert, den das Geld ausdrücken sollte, erschafften sie sich durch ihre eigenen Gedanken. In ihrem Dorf gab es kleine Läden, in denen sie einkaufen gingen. Aber das Einkaufen basierte nicht auf einem Tauschgeschäft, wie du es von deiner Welt vielleicht kennst, sondern sie gaben das, was sie geben konnten und erhielten dafür das, was sie brauchten. Marlas Großvater war zum Beispiel ein begnadeter Jäger und gab den Wesen, die das Fleisch benötigten, welches ab. Dafür erhielt Marlas Familie immer Kartoffeln und Gemüse.

Außerdem war ihr Onkel ein sehr guter Handwerker und bot seine Leistung im Dorf an, dafür wiederum bekam die Familie Holz für den Winter.

Im Dorf sprachen alle nicht miteinander, sondern kommunizierten alles mittels ihrer Gedanken. Keiner von ihnen war gleich, sie lebten alle im Dorf, aber es sah für jeden unterschiedlich aus. Denn Marla kreierte mit Gedankenkraft ihr Dorf und die anderen erschafften sich mit ihrer Gedankenkraft das ihre. Das heißt, im Grunde genommen betrachteten sie alle dasselbe Dorf, aber nahmen es unterschiedlich wahr und sahen es anders, eben so, wie sie es sehen wollten.

Du kannst es dir so vorstellen
Wenn Marla aufwachte, dann war es so spät, wie es eben war, denn sie wachte dann auf, wenn ihr ihr kleiner Hexenkörper mitteilte, dass es Zeit war, die Augen zu öffnen. Dann entschied Marla in ihrem Kopf, wie ihr Tag aussehen sollte und auch, wie ihre Umgebung aussah.

Manchmal wachte sie in ihrem Zimmer auf, welches komplett rosa eingerichtet war, mit einer schönen Hexenküche, in der sie ihren Eltern leckere Zaubertränke zubereiten konnte. An anderen Tagen wachte Marla auch sehr früh morgens auf und befand sich inmitten von unzähligen Autos, mit denen sie gleich zu spielen begann. Sie sah sich jedes einzelne Auto genau an und fragte sich, welches Hilfe benötigte. Welches war kaputt? Welches konnte sie reparieren? Und so versuchte Marla beide Seiten in sich zu leben: Die Mädchenseite, welche gerne Mädchensachen machte, aber auch die Jungsseite, welche sich gerne mit Jungssachen beschäftigte.

Vielleicht verstehst du nun auch, warum es Marla so schwer fiel, sich zu entscheiden. Sie kannte dies nicht, da sie sich noch nie für eine Sache hatte entscheiden und die andere dafür aufgeben müssen.

Ihre Eltern waren sehr angesehene Wesen und hatten große magische Kräfte, die sie auch gerne nutzten. Doch beide verfolgten andere Ziele mit diesen Kräften und nun war der Tag gekommen, an dem Marla sich entscheiden musste, welche Kräfte sie fortan nutzen wollte.

Ihre Mutter war eine sehr starke Frau.

Sie konnte alles, Glühbirnen wechseln, aber genauso gut für die ganze Familie die besten Gerichte kochen. Sie hatte sich damals für die weiße Magie entschieden. Den Wesen um sie herum wollte sie all das geben, was sie brauchten.

Marlas Mutter wollte eine gute Frau sein. Sie liebte es deshalb, allen Wesen zu helfen und sie bei ihrem Tun zu unterstützen und war eine der weisen Frauen im Dorf. Wenn manche Fabelwesen manchmal nicht wussten, wie deren Tag ablaufen sollte, wie sie ihn mit der Macht ihrer eigenen Gedanken steuern und erschaffen konnten, dann gingen sie meist zu Marlas Mutter und fragten nach, was gut für sie wäre. Sie fragten, welches Leben sie noch nicht gelebt hätten, woraufhin die Mutter ihnen half, ihre eigene gewünschte Reali-

tät durch die Macht ihrer Gedanken zu erschaffen.
Das klingt auf den ersten Blick sicher sehr gut, doch es hatte auch Schattenseiten. Marlas Mutter war immer – rund um die Uhr - für alle da. Sie gab all ihre Energie den Wesen weiter und konnte nur sehr schwer „Nein" sagen.

Dann gab es auch noch Marlas Vater.

Er hatte sich als kleiner Junge für die graue Magie entschieden. Aber keine Angst! Ich meine damit nicht, dass er anderen Menschen etwas Böses wollte.

Marlas Vater war jemand, der sich mit Energieräubern auseinandersetzte. Das waren Fabelwesen, die anderen Wesen die Energie raubten. Deshalb zeigte er ihnen Grenzen auf, was sie tun durften und was sie zu unterlassen hatten.

Außerdem war Marlas Vater ein Mann, der alle Dinge, die er erlebte, las oder erzählt bekam, hinterfragte. Er zeigte den Menschen, wie wichtig es war, sie selbst zu sein und wie wichtig es war, sich Zeit für sich selbst zu nehmen.

Viele pilgerten zu ihm, um ihn um Rat zu bitten, wenn sie mit irgendeiner Situation aus ihrem Leben nicht umgehen konnten. Marlas Vater vergab keine Ratschläge. Er sagte ihnen nicht, was zu tun war. Das Einzige, was er tat, war, sie anzublicken. Dabei geschah etwas Magisches, denn plötzlich wussten die Wesen ganz von selbst, wo deren Reise hinführen sollte.

Auch hier gab es Schattenseiten, denn Marlas Vater war jemand, der nicht immer verfügbar war und der die Wesen im Dorf in die Eigenverantwortung schickte. Das gefiel vielen nicht. Die gingen dann lieber zu Marlas Mutter.
Wie konnte sie sich denn da zwischen der weißen und der grauen Magie entscheiden?

Marla mochte beide und sie fand auch, dass beide ihre Berechtigung hatten:

Menschen zu helfen und ihnen Ratschläge zu geben, solange man etwas Gutes verrichten wollte, aber auch den Wesen zu helfen, ihre eigenen Entscheidungen zu treffen und ihnen klarzumachen, dass Grenzen wichtig waren und man achtsam seinen Weg durch die Welt schreiten sollte.

Na toll,... Jetzt saß sie dort am Rande des magischen Zauberwaldes und hatte sowohl ihre Mutter als auch ihren Vater enttäuscht, da sie sich nicht für eine einzige Seite entscheiden wollte.

„Was soll ich denn nun tun, liebes Universum?", rief Marla verzweifelt. „Liebe Sterne, schickt mir doch bitte ein Zeichen. Wo soll ich denn hin, was soll ich machen? Was ist die richtige Entscheidung für mein Leben?"

Plötzlich raschelte es im Gebüsch und Marla bekam Angst.

„Was ist, wenn ein riesengroßes Tier aus dem Gebüsch hervorspringt und mich mit Haut und Knochen frisst? Ich habe Angst davor, was gleich passieren würde. Vielleicht ist es auch kein Tier, sondern mein Vater, der mit mir schimpfen würde oder meine Mutter, die schon nach mir gesucht hat?" Sie musste all ihren Mut und all ihre Kraft zusammennehmen.
„Wer ist denn da?", fragte die kleine Hexe leise mit zittriger Stimme, „Ich habe Angst. Bitte komm hervor."

Es raschelte noch einmal und Marla merkte, dass dieses Etwas auf sie zukam. Sie malte sich schon die schlimmsten Sachen aus und doch wandte sie den Blick nicht von dem Gebüsch ab, das sich nun vor ihren Augen stark bewegte.

„Bitte, komm hervor, bitte, komm hervor, ich habe Angst. Bitte, bitte, zeige dich."

Mit einem einzigen Ruck bewegten sich die Büsche so stark, dass das Etwas nun fast direkt vor ihr stehen musste. Man sah eine Nase durch die Büsche hindurchkommen. Marla blickte genauer hin. Was war das?

"Wer bist du?", fragte sie.

Ein paar Sekunden vergingen und auf einmal stand ein Wesen vor ihr, das sie noch nie in ihrem Leben gesehen hatte. Es hatte riesengroße Augen und Ohren, eine große Nase und einen ganz ganz kleinen Mund. Der Körper hatte keine Form, die sie sonst von Körpern kannte.

Sie hatte so etwas noch niemals gesehen.

Dieses Wesen hatte Hände, die aussahen wie Gummikanäle und die Füße waren so kräftig wie bei einem Elefanten.

Marla blickte genauer hin.

„Bitte, rede mit mir", sagte sie, „ich kenne dich nicht. Bitte, sag mir, ob ich vor dir Angst haben muss oder ob du mir weh tun willst." Doch dieses Wesen redete nicht. Keinen Ton brachte es heraus. Es war genauso perplex wie Marla und blickte sie mit seinen großen Augen an. Marla schloss ihren vor Angst aufgerissenen Mund. In Gedanken dachte sie sich: "Eigentlich verspüre ich innerlich gar keine Angst. Aber ich sollte doch Angst haben! Ich befinde mich alleine am Rand eines Waldes und vor mir steht ein Wesen, das ich noch nie zuvor gesehen habe."

„Du brauchst keine Angst vor mir zu haben. Ich bin Miranna.", entwich es dem Mund des Wesens. Marla war erschrocken: "Wie geht das? Wie kannst du durch Gedanken mit mir sprechen? Das können doch nur wir Fabelwesen." Das Wesen antwortete: „Ich bin eine

Kreuzung aus einem Tier, einer guten Seele und einem Fabelwesen.

Ich bin anders als jedes Tier und auch anders als jedes Fabelwesen und ich kann Dinge, die du noch niemals zuvor gesehen, gerochen, gehört oder gespürt hast."

Marla war verwirrt. „Ich kann nun nichts mehr denken, aber ich denke doch gerade, dass ich nichts mehr denken kann?! Wie war das nochmal? Wie kann ich meine Gedanken so leise machen, dass sie niemand mehr hört?"

Das Mischwesen antwortete:

„Das kannst du nicht und das ist auch gut so. Ich habe gehört, wie du geweint hast und deshalb wollte ich dir zu Hilfe kommen. Normalerweise habe ich keinen Kontakt zu Fabelwesen wie euch. Darf ich dich fragen, warum du hier bist?"

Marla schloss ihre Augen. Vielleicht wenn sie sie schließen und dann wieder öffnen würde, stellte sich heraus, dass alles nur ein schlechter Traum war. Sie würde in ihrem Bett aufwachen und alles wäre gut. Es hätte keinen Streit mit ihren Eltern gegeben, weil sie sich nicht entscheiden konnte, sie wäre nicht wirklich weggelaufen und hätte einfach nur einen schlimmen Albtraum gehabt.

Doch nachdem sie die Augen wieder geöffnet hatte, lag sie immer noch nicht in ihrem Bett und dieses Wesen stand immer noch vor ihr. „Bist du also ein Tier oder wie nennt man dich?", hakte Marla nach. Miranna entgegnete: „Ich bin alles und ich bin nichts. Du kannst mir keine eindeutige Bezeichnung zuordnen. Man kann mich nicht in nur eine einzige Rolle zwingen. Das ist unmöglich. Also versuch es am besten erst gar nicht."

„Du machst mir Angst", sagte die kleine Hexe, „du lachst ja nicht einmal, woher soll ich dann wissen, dass du mir nichts Böses willst?"

Miranna antwortete:

„Ich lache nicht mit meinem Mund, weil dieser ganz klein ist. Ich lache mit meinen Augen. Sieh genau hin."

Marla ging einen Schritt näher und betrachtete das Mischwesen Miranna.

„In deinen Augen sind Sterne und Herzen", fiel der Kleinen auf. „Genau", sagte Miranna, „und damit zeige ich dir, dass ich dir gut zugetan bin. Du musst nur ganz genau hinschauen."

Nun merkte Marla, dass sie wirklich keine Angst hatte und es auch in Ordnung war so zu fühlen. Sie brauchte keine Furcht zu haben. Sie ging noch einen Schritt näher auf Miranna zu und nahm sie mit all ihren Sinnen wahr.

„Darf ich dich berühren?", fragte Marla. „Aber natürlich", entgegnete das liebevolle Mischwesen, „Berührungen sind wichtig. Du darfst mich gerne anfassen." Marla betätschelte daraufhin das Etwas, das ihr so nahe war, wie sie es nie für möglich gehalten hatte und doch so fremd, weil sie noch nie zuvor eine solche Begegnung gehabt hatte.

Das Wesen fühlte sich hart und weich zugleich an. Es hatte eine dunkle und gleichzeitig eine helle Farbe. Als sie den Minimund etwas genauer betrachtete, sah sie ganz kleine Zähne daraus hervorblitzen, doch sie konnte es nicht einordnen. Was war dieses Wesen? „Es macht mich verrückt, Miranna, ich weiß nicht, was ich denken soll."

Miranna antwortete der kleinen Hexe: „Hör auf dein Herz, liebe Marla. Spür in dich hinein. Wie fühlt es sich an? Bin ich ein Feind oder bin ich ein Freund?" „Also ich habe eigentlich keine schlechten Gefühle

in mir. Irgendetwas gibt mir zu spüren, dass ich dir vertrauen kann."
„Dann geh nach deinem Gefühl, liebste Marla", sagte Miranna, „Ich bin vielleicht da, um dir zu helfen. Denn es gibt sicher einen Grund, weshalb deine Augen mit Tränen gefüllt sind."

"Ja, es gibt einen Grund", entgegnete Marla, "du musst wissen: Meine Mutter ist eine Heilerin und mein Vater ist jemand, der so starke Kräfte in sich hat, dass andere manchmal Angst vor ihm haben und ich muss mich nun entscheiden, in welche Richtung ich gehen möchte.

Aber ich möchte keine Entscheidung treffen. Weißt du, manchmal weiß ich gar nicht, wer ich bin, was ich bin, was ich fühle oder was ich möchte.

Ich will nicht nur in eine einzige Gruppe eingeordnet werden, ich möchte so sein, wie ich halt bin. Manchmal will ich eine brave Hexe sein und manchmal wünsche ich Fabelwesen auch etwas Schlechtes, wenn sie anderen nichts Gutes tun oder wenn ich verletzt bin, weil sich irgendetwas in meinem Leben verändert hat, mit dem ich nicht gerechnet habe und es mich traurig macht.

In solchen Momenten möchte ich am liebsten das ganze Fabeldorf vernichten.

Ich glaube, ich möchte das Gleiche von mir behaupten können, wie du von dir. Ich will nicht nur einer einzigen Bestimmung zugeordnet sein".

Miranna lächelte mit ihren Augen: „Ich kenne das nur allzu gut, liebe Marla. Darf ich dich auf eine Reise durch den magischen Zauberwald mitnehmen?" „Oh nein", dachte sich Marla, „die möchte mich jetzt entführen!"

„Marla, ich kann deine Gedanken hören. Ich möchte dich nicht entführen. Ich will dich nur ein paar meiner lieben Freunde aus dem Zauberwald vorstellen, denn ich glaube, du hast es dringend notwendig ein paar Dinge über dich zu erfahren." Marla hatte kein schlechtes Gefühl und deshalb stimmte sie zu.

Trotzdem quälte sie eine Frage: „Was ist, wenn wir nun eine weite Reise antreten, von der wir lange nicht mehr zurückkommen und meine Eltern sich große Sorgen machen? Dann wird meine Mutter sehr traurig werden und mein Vater sehr wütend. Was soll ich ihnen denn dann sagen?"

„Hab keine Angst", entgegnete Miranna, „die Dauer der Reise wird dir vorkommen wie viele Wochen. Sie dauert aber nur zwei Sekunden, denn wir aus dem magischen Zauberwald haben eine andere Zeitrechnung. Bei uns gibt es keine Zeit. Wenn du also zurückkommst, wird es so sein, als ob du - in deiner Zeitrechnung gesehen - niemals weg warst."

„Dann machen wir das", sagte Marla, „weißt du, manchmal möchte ich verrückt sein und tolle Abenteuer erleben und ich habe das Gefühl, dass ich das mit dir machen kann."

Mirannas Augen lächelten wieder.

„Das kannst du. Lass uns sogleich losgehen." „Wollen wir jetzt also in den Wald gehen", fragte Marla, die kleine Hexe, „kannst du überhaupt gehen?"

Nun verzog sich sogar Mirannas Minimund zu einem klitzekleinen Lachen und sie breitete ihre Hände aus, die sich wie eine Schlange um Marla wickelten. „Ich werde dich in mein Herz nehmen und wir werden beide wie Geister durch den Wald spazieren.
Keiner wird uns sehen, aber trotzdem werden wir alles mitbekommen. Du wirst diese Waldwesen reden hören. Du wirst ihre Gefühle wahrnehmen und auch ihre Gedanken hören.

Außerdem wirst du erkennen, mit welchen Themen sie zu kämpfen haben und wie sie diese lösen können. Und zum Schluss habe ich noch eine besondere Überraschung für dich. Ich möchte dir etwas zeigen, dass du noch nie zuvor gesehen hast. Es ist mächtig und magisch zugleich. Es ist alles und es ist nichts und es wird dir eine Lösung offenbaren, wer du bist und auch wer du nicht bist."

Marla konnte es kaum fassen. Sie saß im Herzen eines ihr bis vor ein paar Minuten unbekannten Wesens und sie hatte keine Angst. Die kleine Hexe spürte, wie dieses Abenteuer, das wohl größte ihres bisherigen Lebens werden würde und sie hatte unbändige Lust darauf. Sie wollte sich selbst kennenlernen und sie wollte mit einer Lösung nach Hause kommen, die ihre Eltern in Staunen versetzen würde, einer Lösung, die sie zwar jetzt noch nicht kannte, aber sie war bereit, bereit für den Ritt ihres Lebens.

„Oh mein Gott! Das sind Gnome!", Marla war von sich selbst überrascht. Woher kannte sie denn Gnome? „Und hier, hier ist Tubi, der Obergnom!"

Mirannas Herz lächelte.

Sie spürte es förmlich, es hüpfte im Quadrat. „Ja, Marla. Nun zeige ich dir, dass du alles weißt und alles in dir trägst. Auch wenn du dir denkst: Woher weiß ich das alles?', lass dich darauf ein, denn es ist wichtig, dass du deine alten Erinnerungen vom Leben vor deiner Geburt hervorrufst", sagte Miranna, „weißt du, Marla, du kommst nicht von dieser Welt. Du kommst von einem anderen Ort und an diesem hast du alle Wesen, die ich dir nun zeigen werde, schon kennengelernt. Doch als du aus dem Bauch deiner Mama gekommen bist, hast du alles vergessen.

Es hat dich der Engel des Vergessens geküsst, damit du in diesem Leben wieder neu starten kannst.

Nun werde ich dieses Vergessen aufheben und werde dir zeigen, was alles in dir schlummert und was möglich ist. Du hast alle die hier auftretenden Wesen an diesem anderen Ort schon vor deiner Geburt gesehen, hast mit ihnen geredet und warst mit ihnen befreundet.

Manche Wesen haben dir versprochen, dass du in der neuen Welt, in die du geboren wirst, vieles von ihnen lernen darfst. Manche Wesen sind positive und manch andere haben sehr stark mit sich selbst zu kämpfen.

Du wirst dich nun an alles erinnern, was du jemals in deinem jetzigen Leben und auch in deinem Vorleben schon gewusst hast. Es wird spannend, so viel ist klar."

„Miranna, ich bin dir so dankbar! Ich habe schon ganz vergessen, wie lustig diese Gnome sind! Denn ich weiß, dass sie wahre Meister im Verstecken von Schätzen sind. Aber ich weiß auch, dass sie manchmal ganz vergessen, wo sie etwas versteckt haben und sich dann darüber ärgern.

Und Tubi ist der verrückte Obergnom.

Er versteckt immer Dinge für andere und lehrt sie dadurch, dass sie loslassen müssen. Ich kann mich noch erinnern, dass er mir einst erzählt hat, dass man Probleme in der Schule, die es früher auch in meiner Welt noch gab, loslassen kann.

Auch Streitigkeiten oder die Trauer über Wesen, die nicht mehr auf der sichtbaren Welt verweilen, kann man lernen loszulassen. Ich kann mich noch erinnern, dass Tubis Eltern sich getrennt haben, aber ganz sicher bin ich mir dabei nicht. Ich bin schon sehr gespannt, was Tubis Geschichte in diesem Leben ist." „Dann höre ganz genau zu", entgegnete ihr Miranna, „schau dir ganz genau an, was Tubi zu erzählen hat."

Wald des Loslassens

„Das Geheimnis anders zu sein"

Ich erzähle dir nun die Geschichte von Tubi, dem Obergnom, der den Wald des Loslassens regiert.

Diese Geschichte ist nicht immer lustig, nein, sie ist sogar tieftraurig, denn Tubi hat in seiner Vergangenheit sehr viel mitgemacht.

Alles begann sehr positiv.

Er wurde als einziges Kind in eine liebevolle Familie geboren. Seine Eltern beschäftigten sich immer sehr viel mit ihm: sie spielten Spiele, machten Ausflüge, bastelten, kochten gemeinsam und sprangen singend und tanzend durchs Haus.

Tubi liebte es, jeden Morgen von seiner Mama geweckt zu werden und am Nachmittag mit seinem Vater den nahegelegenen Wald zu durchstreifen.

Die Jahre gingen einher und mit der Zeit veränderte sich das Verhalten seiner Eltern und sie begannen immer wieder zu streiten, zu Beginn nur ab und zu, nichts, über das man sich hätte Sorgen machen müssen. Doch mit den Monaten wurde es immer schlimmer und letztendlich kam der Zeitpunkt, an dem sie sich nur noch stritten.

Das belastete Tubi sehr und er konnte nächtelang nicht schlafen. Oft lag er stundenlang im Bett und weinte heimlich in sein Kissen, weil er seine Eltern nicht noch zusätzlich auf die Nerven gehen wollte.

Er hatte das Gefühl, dass er Schuld am ständigen Streit seiner Eltern trug. Mit der Zeit wurde er zunehmend unkonzentrierter und konnte sich viele Dinge nicht mehr so gut merken. Einmal geschah es sogar, dass er in der Nacht ins Bett nässte. Natürlich kannst du dir vorstellen, wie peinlich ihm das war, und er hatte niemanden, mit dem er darüber reden konnte.

In der Nähe seines Hauses gab es einen Baum, Tubis Lieblingsbaum. Es war eine alte, knorrige Eiche mit dicken Ästen und einer vollen Laubkrone, in der sich zahlreiche Eichhörnchen und Vögel tummelten. Eines Tages saß er unter diesem Baum, als die alte Nachbarin von nebenan mit einem Korb voller Blumen daran vorbeispazierte. Tubi war so in seinen Gedanken versunken, dass er sie kaum bemerkte. Stirnrunzelnd blieb sie stehen, musterte ihn mit besorgtem Gesicht und fragte: „Hallo Tubi! Wie geht es dir? Ist alles in Ordnung bei dir? Du siehst besorgt aus."

Tubi dachte nach und überlegte, ob es klug war, mit dieser Frau über seine Probleme zu sprechen. Wahrscheinlich konnte sie die Situation gar nicht verstehen, denn immerhin wollten sich seine Eltern doch trennen – wer konnte sowas schon erklären?

Er konnte es selbst doch kaum begreifen und wusste nicht, was er mit dieser Information anfangen sollte. Trennen – was bedeutete das denn überhaupt? Hieß das, dass er seinen Papa nie wieder sehen würde? Oder gar seine Mutter? Bedeutete das, dass ihn seine Eltern nie wieder gemeinsam ins Bett bringen und ihm eine Gute-Nacht-Geschichte vorlesen würden? Er verspürte eine große Traurigkeit, die sich in ihm ausbreitete, gepaart mit der riesigen Angst, einen seiner Elternteile für immer zu verlieren.

Nachdem er nicht auf die Frage der alten Frau reagiert hatte, setzte sie sich zu ihm und fragte abermals: „Tubi, was ist los?".

Tubi gab sich einen Ruck und erzählte ihr, dass sich seine Eltern trennen würden und sein Vater bereits ausgezogen war. Dabei kullerten ihm dicke Tränen über die Wangen. Die alte Frau sah ihn mit großen Augen an und hakte nach: „Was genau macht dich an dieser Situation so traurig?" Da brach es wie ein Schwall aus ihm heraus und er schüttete ihr sein Herz aus. Er erzählte ihr, dass er Angst hatte, dass er seinen Papa oder seine Mama nie wieder sehen würde. Er berichtete, dass es ihm so unendlich leid tat, dass er oft so schlimm gewesen war und sich seine Eltern deswegen gestritten hatten. „Vielleicht", sagte er und schniefte, „vielleicht wären sie noch zusammen, wenn ich braver gewesen wäre."

Die alte Dame sah ihn mit einem verständnisvollen Lächeln an und sagte: „Ach Tubi, ich verstehe dich, aber du weißt doch hoffentlich, dass du nicht der Grund dafür bist, dass sich deine Eltern trennen, oder?" Tubi guckte verdutzt und wusste nicht, was er darauf antworten sollte. Früher hatten seine Eltern keine Meinungsverschiedenheiten, aber plötzlich stritten sie nur noch. Das Schlimmste war jedoch, dass keiner mit ihm darüber sprach. Niemand erklärte ihm den Grund dafür, warum sich alles so plötzlich geändert hatte. Wenn es nichts mit ihm zu tun hatte, warum hatten sie ihm dann nicht den Grund für ihre Trennung genannt. Immer hieß es nur: „Es wird alles so bleiben, wie es ist, nur dass Mama und Papa eben getrennte Wege gehen und Papa jetzt woanders wohnt." Das war doch absoluter Mist.

Wie konnten sie behaupten, dass alles so bleiben würde, wenn doch alles anders war?

„Weißt du", begann die alte Frau, „meine Eltern haben sich auch getrennt, als ich etwa in deinem Alter war. Es war keine schöne Zeit für mich und auch ich brauchte sehr lange, um zu begreifen, dass ich nicht der Grund für ihre Trennung war.

Mir haben dabei die vier **Tiere des Loslassens** geholfen.

Hast du schon einmal etwas von ihnen gehört?" Tubi sah sie verdutzt an: „Vier Tiere des Loslassens? Davon habe ich noch nie gehört, was soll das sein?" „Vier Tiere des Loslassens durchlebt jedes Kind bei der Trennung der Eltern", erklärte sie und fuhr fort: „Das Wichtigste ist, dass du erkennst, dass du als Kind nie die Schuld an der Trennung deiner Eltern trägst.

Eher das Gegenteil ist der Fall:

Kinder sind in vielen Fällen der Grund dafür, dass die Eltern noch so lange zusammenbleiben, auch wenn sie sich bereits ganz viel streiten. Es ist auch besonders wichtig, dass du weißt, dass du deine Eltern trotzdem zu gleichen Teilen lieben darfst. Du musst deiner Mutter gegenüber kein schlechtes Gewissen haben, dass du deinen Papa nach wie vor genauso liebst wie vor der Trennung oder umgekehrt. Weißt du, das Leben als Paar ist nicht immer einfach, gerade wenn man so viele Jahre miteinander verbringt. Menschen verändern sich und manchmal entwickeln sie sich in andere Richtungen oder wollen unterschiedliche Dinge vom Leben. Das hat aber nie etwas mit dir als Kind zu tun."

Tubi setzte eine nachdenkliche Miene auf und nickte bedächtig. „Was sind denn die vier Tiere des Loslassens?", fragte er die alte Frau.

„Das will ich dir nun erzählen", antwortete sie und setzte fort: „Es ist besonders wichtig, dass du die vier Tiere des Loslassens kennenlernen darfst. Das erste Tier ist das „Faultier". Wenn sich deine Eltern trennen, stehst du zunächst unter Schock, weil du nicht damit gerechnet hast oder gehofft hast, dass du mit deinem Gefühl, sie könnten sich trennen, falsch liegst. Auch das Faultier ist bekannt dafür, dass es sich sehr langsam fortbewegt und bestimmte Dinge nicht wahrhaben möchte. In diesen Situationen funktioniert es nur noch. Es fühlt sich, als wäre sein ganzer Körper betäubt und oft quälen es schlimme Albträume und es ist wie ohnmächtig und weiß nicht, was gerade los ist. In der ersten Zeit der Trennung, wird es dir vielleicht ähnlich ergehen. Du fühlst dich langsamer, müder und unkonzentrierter als normal. In dieser Zeit ist es wichtig, dass du dir, wie das Faultier, Zeit gibst, Zeit, um alles zu verstehen und zu begreifen.

Tubis Miene hellte sich auf:

„So geht es mir auch gerade! Mir kommt es vor, als wäre ich in einem schlimmen Traum gefangen. Ich bin mir gar nicht sicher, ob sich meine Eltern tatsächlich trennen, es fühlt sich alles so unwirklich an.

Vielleicht vertragen sie sich morgen ja wieder und wir können wieder alle zusammen wohnen."

Die alte Dame nickte mit einem wissenden Lächeln und antwortete: „Genau das ist das Problem, deshalb ist auch das nächste Tier des Loslassens besonders wichtig, der Bär.

Er begleitet dich durch die Phasen der Wut und Angst.

Vielleicht fühlst du dich verzweifelt, müde und niedergeschlagen und kannst dich nicht konzentrieren. Vielleicht möchtest du in der Früh nicht aus dem Bett kommen, weil du jeden Morgen mit einem wütenden Gefühl deinen Eltern gegenüber erwachst.

Vielleicht hast du Angst um deinen Papa, weil er jetzt nicht mehr bei euch wohnt und du ihn nicht jederzeit sehen kannst, wodurch dein

Interesse für die Schule schwindet. Das ist alles normal, denn mit diesen Reaktionen verarbeitest du den Schmerz, den du so tief in deinem Herzen verspürst. Und auch dieser Schmerz ist so natürlich wie die Tatsache, dass du geboren worden bist. Auch der Bär hält einen Winterschlaf und braucht die Zeit, um das alles sacken zu lassen. Jedes Kind wünscht sich nichts sehnlicher, als dass seine Eltern für immer zusammenbleiben."

Wieder blickte Tubi nachdenklich drein, dann sagte er: „Weißt du, auch das kenne ich. Erst gestern Abend war ich so richtig wütend, und zwar auf mich selbst, weil ich in letzter Zeit so aufmüpfig war und mich in der Schule so schlecht konzentrieren konnte und eine richtig schlechte Note in Mathe geschrieben habe. Normalerweise bin ich gut in Mathe, aber ich konnte mich einfach nicht auf die Aufgaben konzentrieren." Die alte Dame sah ihn an und sagte: „Dann bist du schon beim zweiten Tier des Loslassens und kannst dich vom Bären hindurchbegleiten lassen."

Tubi überlegte kurz, dann fragte er: „Und welches Tier kommt danach?" Die alte Dame freute sich über Tubis Interesse und fuhr fort: „Nach dem Bären kommt die Schildkröte."

„Oh, das klingt interessant, ich mag Schildkröten. Erzähl mir davon!", forderte Tubi die alte Dame auf. „Nach dem Bären, durch den du dich deiner Wut und Trauer gestellt hast, kann es vorkommen, dass du sehr viel weinst und dich zurückziehst – so, wie sich eine Schildkröte in ihren Panzer zurückzieht.

Vielleicht verkriechst du dich besonders oft in deinem Zimmer oder sitzt hier unter diesem Baum, um alleine zu sein. Es ist die Phase, in der du realisierst, dass deine Eltern nicht mehr miteinander leben können. Du fühlst dich allein und einsam und dich übermannt ein unbehagliches Gefühl, das nur schwer zu beschreiben ist. Du merkst, dass es dir nicht gut geht und möchtest niemanden sehen und schon gar nicht mit irgendjemandem darüber reden."

Tubi wurde ganz traurig. „Dieses Gefühl kenne ich auch", sagt er und eine dicke Träne kullerte über seine Wange. „Manchmal bin ich mir so sicher, dass meine Eltern nie wieder zusammenfinden werden und das macht mich so traurig, dass ich mich am liebsten den ganzen Tag unter meiner Bettdecke verkriechen möchte. Ich habe Angst davor, dass ich irgendwann ganz allein sein werde." Tubi schniefte, legte seine Arme um seine Knie und zog sie ganz nah an seinen

Körper. „Das verstehe ich", sagte die alte Dame und fuhr fort: „aber wenn du das fühlst, bist du schon beinahe beim vierten Tier angelangt, dem Schmetterling. Das ist meine Lieblingsphase, denn sie ist mit Abstand die schönste."

Hoffnungsvoll blickte Tubi auf: „Erzähl mir bitte von dieser Zeit", schrie er die Worte beinahe heraus.

Die alte Dame lächelte zufrieden und erklärte: „Wenn du zum Schmetterling kommst, bist du in der Zeit, in der du realisierst, dass du ein wunderschönes Leben führen kannst, obwohl deine Eltern nicht mehr zusammen sind.

Du erkennst, dass du deinen Papa ganz für dich alleine hast und ihr die Zeit viel intensiver nutzt, wenn du ihn besuchst. Wenn du bei deiner Mama bist, ist es genauso, denn du kannst die Zeit mit ihr alleine ganz anders genießen. Auch am Verhalten deiner Eltern wirst du merken, dass sie die Stunden mit dir anders nutzen und verbringen. Du wirst davon profitieren, indem du neue, wunderbare Menschen kennenlernst. Vielleicht hat dein Papa bald eine neue Freundin, die supernett ist und deine Lieblingsspiele mit dir spielt, oder deine

Mama hat einen neuen Freund, der mit dir im Garten herumtollt. Es hat auch viele Vorteile, ein Scheidungskind zu sein: Du bekommst zum Beispiel doppelt so viel Aufmerksamkeit, weil deine Eltern die Zeit mir dir bewusster wahrnehmen werden und hast vielleicht auch zwei Kinderzimmer. Du übst mit deinem Papa andere Hobbys aus als mit deiner Mama und bestenfalls sind deine Eltern nach wie vor befreundet und können ganz normal miteinander umgehen und reden."

Tubis Blick war erfüllt von Hoffnung und freudiger Erwartung.

Die alte Dame schmunzelte und setzte fort: „Das Wichtigste beim Schmetterling ist jedoch, dass du erkennst, dass du dich nach wie vor im Puppenstadium befindest."

„Was bedeutet das?", fragte Tubi.

„Weißt du, was eine Puppe ist?", stellte die alte Dame eine Gegenfrage. „Na klar", entgegnete Tubi, „es ist ein Kinderspielzeug, mit dem vor allem Mädchen spielen. Aber was hat das mit einem

Schmetterling zu tun?" Die alte Dame musste grinsen und verstrubbelte Tubis Haar. „Du hast recht", sagte sie, „aber als Puppe bezeichnet man auch das Stadium eines Schmetterlings, bevor er ein Schmetterling wird." Tubi sah sie fragend an. „Das war jetzt wohl ein bisschen rätselhaft, was?", lachte sie.

„Hör gut zu, ich werde es dir erklären. Ein Schmetterling beginnt sein Leben als Larve. Eines Tages spinnt sich diese Larve in einem Kokon ein, um sich darin in einen Schmetterling zu verwandeln. In diesem Stadium nennt man einen Schmetterling auch Puppe. Es ist eine schwierige, aber zugleich auch schöne Phase. Im Puppenstadium fühlt sich der Schmetterling – oder die Larve, je nachdem, wie man es sieht – meist traurig und eingeklemmt. Er weiß nicht, was er mit seinem Leben anfangen soll und manchmal ist er wütend über die bevorstehende Veränderung und wünscht sich sein früheres Leben zurück, das so viel unbeschwerter war als das, das er jetzt lebt. Er muss ausharren und darauf warten, dass alles besser wird.

Doch dann kommt der große Tag und er kann aus seinem Kokon ausbrechen und stellt fest, dass er sich in einen wunderschönen, großen und farbenfrohen Schmetterling verwandelt hat. Dasselbe wird auch dir passieren, du wirst eines Tages erwachen und feststellen, dass du ein wunderbares Leben führst und mit einem Mal wird sich alles leicht anfühlen."

Sie ließ die Worte nachwirken, bevor sie fortfuhr: „Und nun verrate ich dir noch, was besonders wichtig für dich ist." Tubi sah sie mit großen, erwartungsvollen Augen an. „Was denn?", fragte er und hing gespannt an ihren Lippen. Gütig sah ihn die alte Dame an und sagte: „Dass du immer darauf vertraust, dass du zum vierten Tier kommen wirst. Bis es soweit ist, wähle eine Person, der du vertraust, der du deine Ängste und Sorgen anvertrauen kannst und mit der du über deine Gefühle sprechen kannst.

Das ist sehr wichtig, denn nur so kannst du diese Tiere erfolgreich durchleben.

Diese Person muss nicht unbedingt deine Mama oder dein Papa sein. Es kann ein guter Freund sein, ein Lehrer oder auch jemand, der dir nicht so nahe steht. Die Hauptsache ist, dass du dieser Person vertraust. Wenn du möchtest, kann ich diese für dich sein. Wenn du mal auf deinen Papa wütend bist, kannst du jederzeit zu mir kommen. Das gilt auch dann, wenn du dich von deiner Mama genervt fühlst. Vergiss dabei nie: Deine Eltern sind auch nur Menschen und Menschen sind nicht unfehlbar. Sei nicht zu streng zu ihnen und vor allem nicht zu dir selbst. Egal, ob deine Eltern zusammen sind oder getrennte Wege gehen, eines wird sich nie ändern: Sie lieben dich über alles." Mit diesen Worten strich sie Tubi liebevoll über die Wange, zwinkerte ihm zu, nahm ihren Korb und ging ihrer Wege. Tubi saß noch eine Weile da und dachte über diese Begegnung nach.

Du siehst also, Tubi hatte nicht immer eine unbeschwerte Kindheit, aber das hat ihn nicht davon abgehalten, der Obergnom in seinem Wald zu werden. Doch wie hat er das geschafft? Durch das Durchleben der vier Tierphasen hatte er gelernt, mit seinen Gefühlen umzugehen und negative Gedanken loszulassen. Das ging nicht von heute auf morgen und schon gar nicht von selbst. Es brauchte viel Geduld und Zeit und sehr viele Gespräche mit der alten Dame, mit der er sich regelmäßig unter der dicken Eiche traf. Sie brachte ihm bei, wie wichtig es sei, dass man all seine Gefühle ausspreche und dass man keine Angst vor der Zukunft haben müsse.

Man kann also sagen, dass er durch die Trennung seiner Eltern gestärkt wurde, was ihn zu einem großen und mächtigen Gnom heranwachsen ließ. Er wurde bestärkt durch das Wissen, dass seine Eltern immer für ihn da waren, egal ob sie zusammen oder getrennt lebten. Er durfte lernen, dass es nicht immer das Wichtigste sei, dass die Eltern zusammen sind, viel wichtiger war die Tatsache, dass er eine gute Beziehung zu seinen Eltern hatte, die von Vertrauen gestützt wurde.

Tubi wurde zu einem großen und mächtigen Gnomen, der aus der Scheidung seiner Eltern das Beste gemacht hatte, denn er wusste, er würde seinen Papa und seine Mama immer haben, egal ob sie gemeinsam mit ihm wohnten oder nicht. Er hat daraus gelernt, dass es nicht wichtig sei, dass Eltern zusammen sind, viel wichtiger sei, dass er eine gute Beziehung und Vertrauen zu seinen Eltern habe und das Beste, was ihm passieren konnte, war, dass seine Mama und sein Papa Freunde wurden.

Keiner redete schlecht über den anderen und sie bekamen neue Freunde dazu. Er verstand sich gut mit dem neuen Freund seiner Mama und der neuen Freundin seines Papas und manchmal, vor allem an seinem Geburtstag, feiern sie alle zusammen ein schönes

Fest. Dann sieht er alle vier mit einem Lächeln im Gesicht an, seine Mama, seine Stiefmama, seinen Papa, seinen Stiefpapa und denkt in dieser Sekunde an die alte Dame und weiß, was für ein Glück er hat, dass er nun so viele Menschen um sich hat, die ihm liebevoll zur Seite stehen und ihm immer helfen, der beste Obergnom im Wald des Loslassens zu sein.

"Oh mein Gott, irgendwie tut mir Tubi jetzt leid.

Danke, dass du mir die Geschichte erzählt hast. Aber irgendwie merke ich gleichzeitig, dass es das Beste war, was ihm passieren konnte, dass seine Eltern sich getrennt haben. Aber trennen sich jetzt auch meine Eltern?? Willst du mir das damit sagen?" entgegnete Marla schockiert.

„Nein", sagte Miranna, „ich möchte dir damit klar machen, dass es manchmal auf deinem Weg in diesem Leben Menschen gibt, die einen verlassen. Und es gibt auch Menschen, die nach einer Weile nicht mehr gut miteinander zurechtkommen und mit der Geschichte wollte ich dir zeigen, dass alles gut ist und dass man manchmal Menschen die Freiheit schenken sollte."

„Danke, Miranna, das ist eine gute Lektion. Ich werde Tubi auch in meinem Herzen behalten und ihn nie mehr vergessen. Wo gehen wir denn nun hin?" „Wir reisen ein Stück weiter. Vielleicht erkennst du auch diese Gestalten."

„Wooow, das sind Trolle", erkannte Marla, „hier riecht es nach Zimt!

Ich liebe Zimt!

Es ist wie der Geruch von Weihnachten, das wir zuhause feiern.

Jedes Jahr zur Weihnachtszeit bäckt meine Mama Zimtplätzchen und gibt sie dann den Fabelwesen in unserem Dorf. Das macht sie sehr glücklich." Miranna antwortete: „Ja genau, liebe Marla, wir sind nun im Wald der Trolle angelangt."

Marla fing an zu lachen:

"Ich dachte nicht, dass ich schon jemals so wild behaarte Wesen irgendwo zu Gesicht bekommen hätte, aber manche haben auch gar keine Haare.

Ihre Nasen sind total klein, ganz im Gegensatz zu deiner, und sie drücken sich ganz tief in die Gesichter der Trolle hinein. Da ist Ferdinand mit seinem schelmischen Grinsen, dieser kleine Zwerg. Wie habe ich ihn vermisst."

„Ich weiß. Hier im Wald der Trolle dreht sich alles um die Macht deiner Gedanken. Du bist schon sehr gut darin, liebe Marla, aber du kannst deine Gedanken auch noch viel besser steuern.

Vielleicht erhältst du jetzt schon eine Lösung dafür, was du deinen Eltern sagen möchtest, für welche Seite du dich entscheiden wirst."

Marla war gespannt: „Kannst du mir die Geschichte von Ferdinand erzählen? Wie erging es ihm? Ist sie spannend?" „Sie ist sehr spannend", meinte Miranna, „spür in dich hinein und hör dir die Geschichte von Ferdinand an."

Wald der Gedanken

„Gedankenspiele im magischen Zauberwald"

Ferdinand war noch ein kleiner Troll, als er begann mit seinem Großvater im Wald auf die Jagd zu gehen. Er genoss diese gemeinsamen Ausflüge, denn es wurde ihm nie langweilig dabei. Ferdinands Großvater hatte bereits so einiges erlebt und verfügte deshalb über einen enormen Schatz an Geschichten, den er gerne mit seinem Enkel teilte. Die Geschichten waren sehr vielfältig, lustig, traurig, spannend und überraschend.

Eines Tages fiel dem Großvater auf, dass Ferdinand ungewohnt ruhig war.

Sie spazierten durch den Wald, kletterten auf den Hochstand und verweilten dort – so, wie sie es immer taten.

Doch dieses Mal war etwas anders:
Ferdinand saß einfach nur da, wirkte bedrückt und starrte vor sich hin.

Der Großvater rückte ein Stück näher an Ferdinand heran, stupste ihn mit der Schulter an und fragte: „Mein Junge, möchtest du mir erzählen, was dich bedrückt?"

Ferdinand wirkte überrascht und lief sofort rot an. „Wie hast du das erraten?", fragte er seinen Großvater verdutzt. „Ach, mein lieber Ferdinand", begann der Großvater „normalerweise muss ich dich immerzu ermahnen, leise zu sein, damit wir die Tiere nicht verschrecken. Heute musste ich das noch kein einziges Mal sagen. Es ist also offensichtlich, dass etwas nicht stimmt."

Er sah Ferdinand mit einem aufmunternden Lächeln an, das ausdrückte „Komm, erzähl mir davon, ich bin für dich da", ohne dass er sich dazu gedrängt fühlte.

Ferdinand überlegte kurz und rückte dann mit der Sprache heraus: „Mir geht es nicht gut. Ich habe Probleme in der Schule." „Oh nein, das klingt ja ernst. Möchtest du mir davon erzählen?", hakte der Großvater nach. Ferdinand druckste etwas herum, bevor er antwortete: „Ich traue mich kaum, es zu sagen. Du weißt sicher noch, dass ich dir von der Matheschularbeit letzte Woche erzählt habe, oder? Ich habe leider keine gute Note geschrieben und jetzt traue ich mich nicht, sie meinen Eltern zu zeigen. Ich habe sie sogar versteckt, Zuhause, hinter dem alten Sofa im Wohnzimmer. Ich schäme mich so, aber ich habe solche Angst davor, was Mama und Papa dazu sagen werden."

Der Großvater überlegte kurz, dann fragte er: „Welche Note hast du denn erhalten?" Ferdinand druckste herum und es dauerte eine Weile, bis er mit der Antwort herausrückte.

„Ich habe eine 5 geschrieben, die schlechteste Note, die es gibt."

Tränen füllten seine Augen und er kämpfte mit aller Macht darum, sie zurückzuhalten. Dennoch fanden sie ihren Weg nach draußen und kullerten über seine Wangen. Er schniefte kurz, dann fuhr er fort: „Ich fühle mich so schlecht deswegen. Ich weiß überhaupt nicht, wie das passieren konnte. Normalerweise bin ich gut im Rechnen. Doch an dem Tag der Schularbeit war irgendetwas komisch. Ich konnte mich an rein gar nichts mehr erinnern.

Alles, was ich je übers Rechnen gewusst hatte, war plötzlich weg, einfach so, als ob es in ein tiefes, schwarzes Loch gefallen wäre. Ich wusste einfach überhaupt nichts mehr. Und jetzt habe ich große Bauchschmerzen, wenn ich nur daran denke, dass ich es meinen Eltern erzählen muss. Was werden sie nur über mich denken? Ich habe sie sicher sehr enttäuscht."

Der Großvater wurde still und dachte kurz nach. Zumindest war es das, was Ferdinand dachte, das er tat. In Wahrheit wollte er Ferdinand nur Zeit geben, um sich wieder zu sammeln und abwarten, ob er noch etwas hinzufügen wollte. Dennoch schweiften seine Gedanken zu seinem eigenen Sohn, Ferdinands Vater.

Er kannte ihn gut, schließlich hatte er ihn schon sein ganzes Leben lang begleitet.

Ferdinands Vater war ein liebevoller und gütiger Mensch.

Er würde alles für seine Familie und vor allem für Ferdinand tun. Er schickte seinen Sohn auf die beste Schule und versuchte ihm alles zu ermöglichen, was er sich wünschte und ihn in all seinen Hobbys und Interessen zu bestärken.

Das führte dazu, dass Ferdinand jede Woche zahlreiche Termine hatte: Tanzstunden, Englischunterricht, aber auch drei Nachhilfelehrer füllten seine Nachmittage aus. Außerdem legte Ferdinands Vater großen Wert darauf, dass sein Sohn sportlich war und ein gutes Benehmen an den Tag legte. Auf den ersten Blick eigentlich alles ganz gut, aber bei genauerer Betrachtungsweise konnte Ferdinands Leben dadurch ziemlich stressig sein.

Der Großvater löste sich von seinen Überlegungen, sah Ferdinand mit großen, gütigen Augen an und fragte: „Kann es sein, dass du manchmal ein bisschen überfordert bist?
Schließlich hast du jede Woche zahlreiche Termine, das kann sehr anstrengend sein.

Und weißt du was? Überforderung führt dazu, dass wir Dinge vergessen – so wie es dir bei der Matheschularbeit passiert ist." Ferdinand dachte kurz über die Worte seines Großvaters nach, bevor er antwortete. „Weißt du, Opa, manchmal wünsche ich mir einfach nur, dass ich zu Hause bleiben kann. Wir haben so einen schönen Garten, aber ich habe nie Zeit, die Blumen und Tiere dort zu betrachten, oder mit meinen Freunden zu spielen.

Ich möchte auch gerne öfter mit dir in den Wald gehen, aber dafür fehlt mir einfach die Zeit. Ich verstehe schon, dass all die Termine wichtig sind, aber ich würde mir ab und zu etwas mehr Ruhe wünschen. Am Abend bin ich oft so müde und kraftlos, dass ich nach dem Abendessen einfach nur noch ins Bett falle und sofort einschlafe. Wenn ich dann morgens wieder erwache, fühle ich mich immer noch erschöpft, aber der Tag beginnt ebenso stressig, wie der letzte geendet hat."

Der Großvater nickte mit einem wissenden Lächeln:

„So etwas habe ich mir schon gedacht. Wenn du möchtest, kann ich dir einen Tipp geben."

Ferdinands Miene hellte sich auf: „Ja, bitte. Ich will meine Eltern nicht enttäuschen und ich möchte, dass sie stolz auf mich sein können. Was kann ich also tun?"

Der Großvater dachte kurz nach, denn er musste seine Worte mit Bedacht wählen. Schließlich sagte er: „Ich verstehe, dass du so fühlst und dass es dir wichtig ist, dass du deine Eltern stolz machst. Das Problem hier ist jedoch, dass du zu viel Verantwortung für dein junges Leben trägst. Du bist noch so jung, du solltest Zeit haben, um dich leichtfüßig zu entwickeln, das Leben genießen und den Moment leben zu können.

Stattdessen hetzt du von einem Termin zum nächsten. Deine Eltern meinen es sicher gut mit dir und ich bin mir sicher, viele dieser Dinge machst du gerne. Aber dir bleibt kaum noch Zeit, um einfach nur Kind zu sein. Das ist ein großes Privileg in deinem Alter, das du so lange wie möglich halten und genießen solltest."

Er ließ seine Worte kurz auf Ferdinand wirken, bevor er fortsetzte: „Lass mich raten, manchmal wünschst du dir, dass du gar nicht mehr zur Schule gehen müsstest, obwohl du immer gerne hingegangen bist, richtig?"

Ferdinand nickte und seine Augen füllten sich erneut mit Tränen. „Oder dass du keine Nachhilfe mehr nehmen und vermutlich auch nicht mehr in die Tanzschule gehen möchtest." Damit hatte er einen wunden Punkt getroffen, denn plötzlich flossen die Tränen bei Ferdinand nur so in Strömen.

„Ja", schniefte Ferdinand, „es ist alles zu viel. Aber was soll ich denn tun? Ich brauche meine Nachhilfestunden, weil ich sonst keine guten Noten schreibe. Und ich muss zum Englischunterricht, damit ich später einen Vorteil habe, weil ich die Sprache gut spreche. Und die wöchentlichen Sporteinheiten kann ich auch nicht auslassen, weil ich dann unsportlich bin. Ich bin so verzweifelt, ich weiß schon gar nicht mehr, was ich tun soll. Ich will meine Eltern doch nicht enttäuschen." Nun weinte Ferdinand bitterlich. Sein Großvater legte ihm den Arm um die Schulter und erleichtert kuschelte sich Ferdinand in dieses vertraute Nest. So saßen sie eine Zeit lang da, so lange, bis der Strom aus Ferdinands Tränen langsam versiegte. Er setzte sich aufrecht hin, wischte sich die Tränen aus den Augen und sah seinen Großvater dankend an.

„Danke, dass du mir zugehört hast", flüsterte er hörbar erleichtert, „jetzt fühle ich mich schon viel besser." „Hat dir das Reden darüber also gut getan, hm?", lächelte sein Großvater.

Ferdinand sah ein wenig betreten zu Boden. „Ja, das hat es.", murmelte er. Ferdinands Großvater wartete, bis er ihn wieder ansah, dann blickte er ihm tief in die Augen und sagte: „Soll ich dir etwas verraten?" Ferdinand nickte vorsichtig. „Wobei, eigentlich muss ich es dir gar nicht mehr verraten, denn du hast es selbst gerade herausgefunden:

Über seine Probleme zu reden tut sehr gut.

Deshalb ist es auch so wichtig. Du kannst dir sicher denken, was ich dir als Nächstes sagen werde, oder?" Der Großvater sah Ferdinand erwartungsvoll an.

Dieser blickte wieder betreten zu Boden und sagte: „Dass ich mit meinen Eltern reden soll?" „Richtig, genau das!", antwortete der Großvater. Ferdinand wollte schon einwenden, dass er das doch nicht tun konnte, weil er sie dann enttäuschen würde, doch der Großvater kam ihm zuvor. „Du musst keine Angst haben, dass du deine Eltern damit enttäuschen könntest.

Weißt du, sie tun das alles nicht, weil sie so viel von dir erwarten, sondern weil sie dich bestmöglich unterstützen und für gute Startvoraussetzungen im Leben sorgen wollen. Wenn du ihnen nicht sagst, dass dir das alles zu viel ist, können sie es ja gar nicht wissen. Ich bin mir sicher, das ist nicht das, was sie sich für dich wünschen.

Sie sind deine Eltern, und das Einzige, das sie sich aus tiefstem Herzen für dich wünschen, ist, dass du glücklich bist. Wenn du ihnen nicht sagst, dass du unglücklich bist, können sie nicht darauf reagieren.

Sie versuchen alles dafür zu tun, dass du ein gutes Leben leben kannst. Dabei vergessen sie jedoch leider, dass du noch ein Kind bist, obwohl du oft schon so erwachsen wirkst. Du solltest im Dreck spielen dürfen, dir deine Zeit frei einteilen können, den Moment genießen und einfach dein Leben leben können – so spontan und sprunghaft wie es nur Kindern vorbehalten ist.

Du solltest dir keine Gedanken darüber machen müssen, welche Leistungen du erbringen musst. Du solltest einfach Kind sein dürfen und durch die Erfahrungen, die du dabei sammelst, erkennen, was du aus deinem Leben machen möchtest." Die Worte hingen in der

Luft und man konnte förmlich sehen, welche Wirkung sie auf Ferdinand hatten.

„Außerdem brauchst du ein Ziel", setzte der Großvater fort.

„Ein Ziel? Was meinst du damit?", fragte Ferdinand.

Der Großvater sah ihn an und wiederholte: „Was ist dein Ziel? Was möchtest du einmal werden?" Ferdinand musste gar nicht lange überlegen, denn die Antwort kam wie aus der Pistole geschossen: „Ich möchte glücklich werden. Ich möchte am Morgen aufstehen und meine Familie um mich haben. Vielleicht auch noch ein paar andere kleine Trolle, mit denen ich spielen kann. Aber eigentlich möchte ich einfach nur jeden Abend mit einem zufriedenen Gefühl einschlafen."

Der Großvater lächelte und auch Ferdinand fühlte sich mit einem Mal viel leichter. Ohne darüber zu sprechen, waren sich die beiden einig, dass es nun an der Zeit für den Heimweg war. Sie kletterten vom Hochstand herab und schlenderten nebeneinander nach Hause.

„Und?", fragte der Großvater nach ein paar Minuten, „Hast du dir alles gemerkt, worüber wir heute gesprochen haben?"

Ferdinand nickte: „Aber Opa, wie soll ich denn das Gespräch mit meinen Eltern beginnen?" Der Großvater überlegte kurz, dann sagte er: „Frag sie doch einfach einmal nach ihren Zielen. Vielleicht ist es ihr Ziel, dass sie einmal sehr erfolgreich werden wollen, das sie auf dich übertragen, weil sie denken, dass du das auch werden möchtest. Oder sie haben ihr Ziel schon lange aus den Augen verloren und kennen es gar nicht mehr so genau. Du wirst erstaunt sein, welche Antworten du auf diese Frage erhältst. Danach kannst du ihnen von deinem Ziel erzählen. Ich bin mir sicher, ihr werdet ein interessantes Gespräch führen, von dem ihr alle etwas lernen könnt."

Ferdinand war still und ließ die Worte auf sich wirken. Dann fügte sein Großvater leicht schmunzelnd hinzu: „Ich habe das Gefühl, dass deine Eltern am meisten dabei lernen werden."

Wieder gingen sie schweigend nebeneinander her und kurz, bevor sie die letzte Lichtung überquerten, fragte Ferdinand noch: „Und was ist, wenn ich es nicht schaffe, mit ihnen darüber zu reden?" „Glaube mir, du wirst es schaffen", sagte sein Großvater zuversichtlich.

„Wenn du dir unsicher bist, übe doch einfach vor dem Spiegel oder schreib dir vorher auf, was du ihnen sagen möchtest. Du kannst den Zettel auch als Gedankenstütze mit zum Gespräch nehmen.

Vergiss nie:

Dieses Gespräch ist so wichtig, vielleicht das wichtigste, das du in deiner Kindheit führen musst. Ich glaube an dich und bin mir sicher, du schaffst das. Nimm all deinen Mut zusammen und sprich mit ihnen über deine Probleme." Mit diesen Worten waren sie vor Ferdinands Haus angelangt und Ferdinand umarmte seinen Großvater. „Vielen Dank, dass du für mich da bist und mit mir darüber geredet hast", sagte er zum Abschied.

Dann gab er ihm einen kleinen Kuss auf die Wange und verabschiedete sich.
Noch am selben Abend suchte Ferdinand das Gespräch mit seinen Eltern.

Diese saßen bereits beim Abendbrot und Ferdinand blieb kurz im Türrahmen stehen, um sich zu sammeln. Sicherheitshalber hatte er sein Lieblingskuscheltier mitgebracht, das er nun in seiner linken Hand hielt. Er richtete sich auf, straffte die Schultern und atmete tief aus. Bei diesem Geräusch wandten ihm seine Eltern die Blicke zu und sahen ihn erstaunt an.

„Ist etwas nicht in Ordnung?", fragte seine Mutter. Ferdinand kam langsam näher und setzte sich auf den freien Stuhl.

„Mama, Papa, ich muss euch etwas sagen."

Aufmerksam sahen sie ihn an und er begann zu erzählen: von der schlechten Mathenote, davon, dass ihm alles zu viel war und dass er am liebsten gar nicht mehr in die Schule gehen wollte. Seine Eltern hörten aufmerksam zu und zum Abschluss erzählte er ihnen von seinem Ziel, nämlich davon, dass er einfach nur jeden Abend glücklich einschlafen wollte. „Ach, Ferdinand", sagte seine Mutter und nahm ihn in den Arm, „hättest du nur schon früher etwas gesagt. Es tut mir so leid, dass es dir so geht. Wir dachten, du machst all die Dinge gerne und wir können dir dadurch dein Leben erleichtern."

„Das stimmt", warf sein Vater ein und umarmte ihn von der anderen Seite. „Du hast recht mit allem, was du sagst. Du bist ein Kind und als Kind ist es deine einzige Aufgabe, dass du glücklich bist und dein

Leben genießt. Nichts anderes wünschen wir uns für dich. Danke, dass du uns darauf aufmerksam gemacht hast, dass wir das aus den Augen verloren haben."

So saßen sie also da, umarmten sich gegenseitig und genossen die familiäre Wärme, die sich zwischen ihnen ausbreitete. Nach ein paar Minuten lösten sie sich aus der Umarmung und Ferdinand sah seine Eltern erwartungsvoll an.

„Was ist denn euer Ziel im Leben?", fragte er sie. Seine Eltern sahen sich fragend an. Ferdinand konnte deutlich sehen, wie sie nach einer Antwort suchten. „Weißt du", sagte seine Mutter „ich muss ehrlich zugeben, dass ich das gar nicht weiß. Ich werde darüber nachdenken und es dir mitteilen, sobald ich es weiß."

„Mir geht's genauso", entgegnete sein Vater. „Als Erwachsener ist es nicht immer leicht, seine Ziele nicht aus den Augen zu verlieren. Danke, dass du uns darauf hinweist. Wir sind sehr stolz auf dich."
Mit diesem Tag änderte sich so einiges in Ferdinands Leben. Seine Wochen waren nicht mehr so verplant und dennoch lernte er alles, was er wissen musste. Der große Unterschied bestand jedoch darin,

dass er von nun an viel mehr freie Zeit zur Verfügung hatte, in der er einfach nur Kind sein durfte.

"Oh wow, hier gibt es ja noch Schulen", entgegnete Marla, „ich habe irgendwann davon gehört, dass die Wesen früher in Schulen gingen und tausende Dinge von Personen und durch Bücher lernen mussten. Bei uns gibt es das nicht mehr.

Wir lernen vom Leben und von anderen Fabelwesen.

Manche haben nämlich ganz eigene und besondere Erfahrungen. Man kann sich dann selbst aussuchen, welche man in sich aufnehmen möchte und welche nicht. Aber zurück zu Ferdinand.

Ich spüre, dass er durch die Macht seiner Gedanken tiefe Wünsche und Ziele in sein Leben zaubern können wird, denn er traut sich seine eigenen Gedanken zu akzeptieren und darüber zu sprechen. Sie kommen immer dann, wenn die richtige Zeit dafür ist." „Ja, liebe Marla, das stimmt, von eurem Lernsystem habe ich auch schon gehört. Und nun weißt du auch, wie Ferdinand mit seinen Gedanken alles steuern kann. Ist das nicht eine geniale Idee?" „Ja!", rief Marla aufgeregt, "Wollen wir weiter, wollen wir weiter? Wen gibt es denn da noch in diesem magischen Zauberwald?"

„Wir werden nun zu einer besonderen Fee reisen. Vielleicht weißt du ihren Namen noch", machte es Miranna spannend.

„Oh ja! Das ist Jara! Ich weiß es wieder, Jara war die schönste aller Feen. Doch was ist mit ihr passiert? Geht es ihr gut?", fragte Marla besorgt.

„Ja, es geht ihr wieder besser. Ich möchte dir nun auch einen Einblick in Jaras Leben geben. Hör genau hin."

Wald der Gefühle
„Die mystische Welt von Social Media"

Spieglein, Spieglein an der Wand, wer ist die Schönste im ganzen Land?

Du kennst diesen Spruch sicher aus dem Märchen von Schneewittchen. Nicht nur die böse Königin hatte solch einen Spiegel, auch Jara, die schönste aller Feen, hatte ein Exemplar dieses Spiegels zuhause.

Täglich stand sie davor und befragte ihn und täglich bestätigte er ihr, dass sie die Schönste sei. Doch die Antwort, die sie an diesem Morgen erhielt, ließ sie ungläubig erstarren. Wie konnte das sein? Sie konnte es nicht fassen? Es gab doch tatsächlich eine Fee, die schöner war als sie.

Jara war am Boden zerstört. So hart hatte sie für ihr Aussehen und ihr Image gearbeitet und es war alles umsonst gewesen. Sie hatte abertausende Likes auf Facebook und generell, wenn es um Social-

Media-Plattformen ging, war sie immer die beliebteste aller Feen gewesen.

„Jara", hörte sie ihre Mutter aus der Küche rufen, „Frühstück ist fertig! Komm bitte zu Tisch!" Widerwillig wandte sie sich vom Spiegel ab und schlurfte in die Küche. Wie jeden Morgen hatte ihre Mutter ein leckeres Frühstück gezaubert.

Es gab Pfannkuchen mit Joghurt und frischen Früchten – Jaras Lieblingsfrühstück. Doch nach der ernüchternden Nachricht des Zauberspiegels konnte sie nichts mehr essen. Lustlos stocherte sie in ihrem Frühstück herum. Am Morgen herrschte immer sehr viel Trubel: Ihre Mutter machte Frühstück, ihr Vater kommentierte die Nachrichten, die er in seiner Morgenzeitung las und Jaras kleine Schwester tänzelte quietschvergnügt zwischen allen Beteiligten herum.

So kam es auch, dass niemandem auffiel, dass Jara nichts von ihrem Frühstück aß. Frustriert schnappte sie sich ihren Rucksack und machte sich auf den Weg in die Feen-Schule.

Dort angekommen, blickte sie sich nervös um. Was würden die anderen wohl über sie denken? Sie hatten sicher schon alle mitbekommen, dass Jara nun hässlich war.

Den ganzen Tag über drehten sich ihre Gedanken um dieses Thema und sie konnte sich kaum auf den Unterricht konzentrieren. Andauernd machte sie sich Gedanken darüber, was sie denn an sich verbessern könnte, um wieder die schönste und beliebteste Fee zu sein.

Nach einem langen Schultag kam sie nach Hause und ging schnurstracks in ihr Zimmer. Sie stellte sich vor ihren Spiegel und fragte erneut: „Spieglein, Spieglein an der Wand, wer ist die Schönste im ganzen Land?" Natürlich wusste sie die Antwort bereits, aber sie wollte sichergehen, dass es sich nicht um ein Missverständnis handelte. Doch die Antwort war dieselbe wie am Morgen: Eine andere war schöner als sie.

Misstrauisch betrachtete sie sich im Spiegel. Sie zog ihr T-Shirt hoch und betrachtete ihren Bauch. Er wölbte sich ein bisschen nach außen. Das kam sicher daher, weil sie in den letzten Tagen nicht auf ihre Ernährung geachtet hatte. Sicher war das der Grund, warum sie nicht mehr die Schönste war. Sie wurde wütend auf sich und beschloss, die nächsten Tage nichts zu essen, damit ihr Bauch wieder flach wurde.

Es vergingen einige Tage, in denen sie kaum etwas aß. Eines Tages sprach sie ihre Mutter darauf an: „Jara, ist alles in Ordnung bei dir?", fragte sie mit sorgenvoller Miene. „Ich habe das Gefühl, du isst kaum noch etwas." Jara erklärte ihrer Mutter, dass sie mehr auf ihre Figur achten wollte. Ihre Mutter sah sie fragend an, schüttelte den Kopf und ging wieder. Sie konnte nicht verstehen, was mit ihrer Tochter los war. Sie war doch eine der schönsten Feen im gesamten Wald. Warum machte sie sich plötzlich Gedanken über ihre Figur? Doch sie hatte auch gemerkt, dass Jara noch nicht bereit war, mit ihr darüber zu reden. Sie wollte ihr noch etwas Zeit geben.

Die Tage vergingen und Jara wurde immer dünner. Nachdem sie schon immer sehr schlank gewesen war, dauerte es nicht lange, bis von ihrem Bauch kaum noch etwas übrig war und man nur noch ihre Rippen sehen konnte. Täglich stand sie vor ihrem Zauberspiegel, betrachtete ihren Körper und stellte ihm dieselbe Frage. Und täglich bekam sie dieselbe Antwort: Sie war nicht mehr die Schönste. Das stimmte sie sehr traurig und sie zog sich immer weiter zurück.

Dann kam der Punkt, an dem ihre Mutter nicht mehr einfach nur zusehen konnte.

Sie wartete einen günstigen Zeitpunkt ab und klopfte an Jaras Zimmertür. „Kann ich kurz mit dir reden?", fragte sie und trat ein.

Jara lag in ihrem Bett. Es war Wochenende und sie hatte das Zimmer den ganzen Tag nicht verlassen. Jaras Mutter setzte sich zu ihr an die Bettkante, nahm ihre Hand und sah sie besorgt an.

„Jara, ich mach mir große Sorgen um dich. Du isst kaum noch, unternimmst nichts mehr mit den anderen Feen und kommst am Wochenende kaum aus dem Bett. Du wirst immer dünner. Kannst du mir bitte sagen, was los ist?"

Jara blickte sie mit großen Augen an.

Mit dieser Reaktion hatte sie nicht gerechnet. Sie war schließlich nicht mehr die Schönste, wie konnte ihre Mutter das nicht sehen und nicht verstehen, warum sie sich so verhielt. Ungläubig starrte sie die Frau an und ihre Lippen begannen zu beben. Der Blick ihrer

Mutter wurde noch besorgter und schließlich hielt Jara es nicht mehr aus und es brach aus ihr heraus: „Ich mag mich nicht mehr." Sie vergrub den Kopf in ihrem Kissen und begann erbarmungswürdig zu schluchzen.

Beruhigend strich ihr ihre Mutter mit der Hand über den Rücken. „Wie kommst du denn darauf? Was ist denn nur passiert? Du warst doch immer so glücklich und zufrieden."

Jara wischte sich die Tränen ab und erzählte: „Ich habe bei so einem Spiel auf Facebook mitgemacht. Dabei erhält man einen virtuellen Zauberspiegel und der sagt einem dann, wie schön man ist. Meiner hat mir immer gesagt, dass ich die Schönste sei. Aber vor ein paar Wochen hat er plötzlich erwähnt, dass es andere gebe, die schöner seien als ich. Und dann habe ich diese Magazine gesehen und die Feen darin sind alle so schlank und wunderschön. Alle sind einfach viel, viel schöner als ich."

Sie begann erneut zu weinen. Jaras Mutter war sichtlich überfordert mit diesem Gefühlsausbruch. „Aber Jara", sagte sie, „du bist doch so ein schönes und liebenswertes Mädchen. Du hattest schon immer eine großartige Figur, mit der du auch stets zufrieden warst. Warum ist es denn plötzlich so wichtig, was andere darüber denken?" Jara hielt in ihrem Schluchzen inne, sie wusste einfach keine Antwort auf diese Frage. „Geh weg und lass mich in Ruhe!", fauchte sie ihre Mutter an und verkroch sich weiter unter ihrer Decke.

Jaras Mutter blieb ratlos zurück, respektierte jedoch, dass ihre Tochter in Ruhe gelassen werden wollte.

Um selbst wieder einen klaren Kopf zu bekommen, machte sie einen Spaziergang durch ihr Dorf. Dort begegnete sie einem alten, sehr weisen Mann. Er war weit über 90 Jahre alt, wie alt er genau war, konnte niemand sagen, nicht einmal er selbst. Er war als die gute alte Seele im Dorf bekannt und saß gerne stundenlang auf einer Parkbank, so auch heute. Sie konnte nicht beschreiben, warum sie das tat, aber Jaras Mutter zog es zu diesem Mann hin. So ließ sie sich neben ihm nieder und begann ihm das Leid ihrer Tochter zu klagen.

Aufmerksam hörte er ihr zu, nickte immer wieder verständnisvoll und wartete, bis Jaras Mutter zu Ende erzählt hatte. Für kurze Zeit herrschte Schweigen, dann sagte er: „Wissen Sie, diese Geschichte macht mich sehr traurig. Früher war es wichtig, dass man ein guter Mensch ist, ein gutes Herz hat. Man hat anderen Menschen geholfen und dadurch gelernt, was wichtig im Leben ist. Heute ist das alles anders. Diese ganzen neumodischen Medien und das Internet – das bringt alles aus dem Gleichgewicht. Plötzlich suchen die Menschen ihre Bestätigung nicht mehr bei sich selbst und tun nicht mehr das, was sie für richtig halten. Nein, sie suchen die Bestätigung im Außen und tun das, was sie denken, dass andere denken, was das Richtige sei.

Das führt dazu, dass wir in einer verzerrten Welt leben. Viel zu viele Frauen – aber auch Männer – lassen sich fotografieren und bearbeiten diese Fotos danach mit Bildbearbeitungsprogrammen, nur um noch dünner und schöner zu wirken.

Keine einzige Falte darf zu sehen sein, auch wenn sie noch so natürlich ist. Unsere Kinder verlieren dadurch den Bezug zur Realität - so wie Ihre Jara. Sie möchte aussehen wie diese scheinbar perfekten Frauen und sieht dabei gar nicht, wie wunderschön und perfekt sie von Haus aus ist. Alle jungen Frauen sehen gleich aus und es gibt nur noch selten Mädchen, die herausstechen, weil sie einfach anders sind. Es ist eine sehr traurige Entwicklung." Eine Träne kullerte über seine Wange.

Nun war auch Jaras Mutter betrübt. „Das klingt in der Tat sehr traurig. Was kann ich denn nur tun, um meiner kleinen Jara zu helfen? Sie ist so ein liebenswerter Mensch, sie sieht schön aus, sie geht gerne zur Schule und sie hat ein gutes Herz.

Ich habe das Gefühl, dass sie das alles vergessen hat." Der alte Mann blickte sie an und sagte: „Sie können ihr nur helfen, indem Sie sie stärken.

Wir können das Internet und die sozialen Medien, mit denen sich unsere Kinder heutzutage herumschlagen müssen, nicht verbannen, aber wir können ihnen beibringen, wie sie richtig damit umgehen. Sie können Ihre Tochter dabei unterstützen, eine starke und selbstbewusste Feenfrau zu werden, indem Sie bei sich selbst beginnen und ein gutes Vorbild sind. Ärgern Sie sich nicht darüber, wenn sich Ihr Bauch wölbt oder Sie sich einmal nicht „schön" finden. Betonen Sie stattdessen im Beisein ihrer Tochter immer wieder, wie schön Sie sich fühlen und wie wichtig es sei, dass eine Frau Kurven hat.

Am wichtigsten jedoch ist, dass Sie den Fokus auf Ihr gutes Herz legen.

Zeigen Sie Ihrer Tochter, dass es nichts Wichtigeres gibt, als das Herz am rechten Fleck zu haben. Ganz nach dem alten Sprichwort: „Wahre Schönheit kommt von innen."

Jaras Mutter dachte über seine Worte nach: „Und Sie glauben tatsächlich, dass ihr das helfen wird? Warum sollte Sie sich gerade an mir ein Vorbild nehmen?" Der alte Mann lächelte gütig: „Diese Antwort ist leicht: Weil Sie ihre Mutter sind. Sie sind ihr wichtigstes Vorbild, die Frau, an der sie sich am meisten orientiert. Auch wenn es nicht immer so scheint, Jara sieht zu Ihnen auf. Wenn Sie ihr ein selbstbewusstes Auftreten vorleben, wird sie sich ein Beispiel daran nehmen. Sie können ihre Tochter dabei unglaublich gut unterstützen.

Wenn Ihre Tochter ein Problem mit ihrem Bauch hat, dann machen Sie gemeinsam Sport. Wenn Ihrer Tochter nichts wichtiger ist, als die Schönste im Land zu sein, dann fragen Sie sie doch einmal, warum es denn so wichtig sei und warum es nicht wichtiger wäre, ein guter Mensch zu sein. Hinterfragen Sie diese Dinge auch bei sich selbst. Ist es Ihnen selbst wichtig, ein guter Mensch zu sein?"

Jaras Mutter wurde nachdenklich.

„Wenn ich so überlege und ehrlich zu mir bin, war ich in letzter Zeit ziemlich unzufrieden mit mir selbst. Ich habe mich oft über meinen

Körper beschwert und einige Diäten gemacht, habe aber trotzdem immer weiter zugenommen. Das hat dazu geführt, dass ich noch unzufriedener wurde. Ich glaube, Sie haben recht, ich stecke in demselben Teufelskreis, in dem sich meine Tochter befindet."

Sie saßen eine Weile ruhig da, dann setzte der alte Mann das Gespräch fort: „Sie haben nun begriffen, dass das Problem bei Ihnen beginnt.

Ich weiß nicht viel über das Internet, aber ich weiß, wie wichtig die Vorbildfunktion einer Mutter für ihre Tochter ist. Alles, was Sie tun und sagen, egal ob über Ihre Worte oder über Ihren Körper, hat eine Wirkung auf Ihre Tochter.

Sind Sie unzufrieden mit Ihrem Körper, wird sie das mitbekommen und beginnen, ihren eigenen Körper zu hinterfragen. Wenn Sie sich ihrer Tochter hingegen als selbstbewusste Frau präsentieren, wird sie sich daran ein Beispiel nehmen.

Leben Sie ihr vor, dass Sie ein guter Mensch sind, dann wird auch Ihre Tochter ein guter Mensch werden. Egal, wieviel sie sich am

Internet orientiert, Sie stellen immer noch ihr wichtigstes Vorbild dar."

Die Mutter ließ die Worte noch ein wenig auf sich wirken, bevor sie sich bedankte und auf den Heimweg machte.

Dabei dachte sie das erste Mal so richtig darüber nach, wie wichtig es war, dass sie ein gutes Beispiel für ihre Tochter abgab. Sie kam nach Hause und suchte sofort das Gespräch mit Jara.

Sie sprach offen über ihre Gefühle, gab zu, dass sie oft unzufrieden mit sich selbst gewesen war, aber dass sie das von nun an ändern wollte. Sie erklärte Jara, wie sehr sie ihre Dehnungsstreifen am Bauch liebte, denn sie erinnerten sie daran, dass sie Jara in ihrem Bauch getragen hatte.

Sie mochte auch ihre grauen Strähnen, denn das bedeutete nicht, dass sie alt wurde, sondern dass sie ein langes Leben hatte und alles an ihr ihre Geschichte erzählte: jede einzelne Falte, jede einzelne Delle und jedes einzelne graue Haar.

Nachdem sie sich Jara geöffnet hatte, konnte sich auch die kleine Fee frei äußern. Sie erzählte ihrer Mutter von ihren Gedanken und warum sie das Gefühl hatte, dass sie nicht mehr schön war. Sie redeten die ganze Nacht. Zuerst über die ernsten Themen des Lebens, später erzählten sie sich Geschichten aus ihren Leben und kugelten gemeinsam im Bett herum – wie sie es früher oft getan hatten, als Jara noch klein war. Als der Morgen graute, schlief Jara mit einem zufriedenen Lächeln ein. Sie fühlte sich das erste Mal seit langem wieder glücklich.

„Oh Gott, ich dachte schon Jara, sei verloren, doch Gott sei Dank ist alles gut ausgegangen für die bezaubernde Jara.

Sie war doch immer die schönste aller Feen und nun hat sie verstanden, dass es absolut unwichtig ist, wie man aussieht. Was wichtig ist, ist das, was man im Herzen trägt.

Ein Fabelwesen hat mir dazu einen wunderschönen Spruch beigebracht, ich glaube, er ist von Antoine de Saint-Exupéry und heißt:
Du siehst nur mit dem Herzen gut.

Das Wesentliche ist für die Augen unsichtbar'. Ich liebe diesen Spruch. Übrigens Miranna, dein Herz schlägt so sanft. Das ist so schön. Man spürt richtig, dass du ein gutes Wesen bist."

„Ja Marla, ich habe eine gute Seele", sagte Miranna, „aber auch ich habe manchmal mit mir selbst zu kämpfen und oft muss auch ich Dinge entscheiden, die meine Seele ein bisschen traurig machen.

Ich glaube, es ist nun Zeit für den nächsten Wald, den Wald der Geheimnisse. Denn es gibt gute und schlechte Geheimnisse, wusstest du das?" Das wusste Marla nicht und drängte daher eilig: „Lass uns schnell dorthin gehen! Ich bin so aufgeregt und liebe diese Reise durch den magischen Zauberwald. Ich danke dir dafür."

Als sie am Waldstück der Geheimnisse ankamen, riss Marla die Augen auf: "Das ist ja Kevin, ein Klabautermann! Ich habe ihn so vermisst. Kevin ist besonders lustig und er ist ein Klabauter, wie es keinen anderen gibt.

Jetzt weiß ich auch wieder, dass Klabauter oft nach frischem, saftigem Holz riechen genauso, wie es in diesem Wald hier riecht. Sie leben auf Schiffen und es gibt auch einen Schiffsgeist. Sie haben sehr oft Geheimnisse, das zeichnet die kleinen Wichte aus. Die Klabautermänner können zierlich, aber auch total kräftig und dicklich sein.

Ich weiß noch, dass Kevins Klamotten ihm nie gepasst haben. Es sah immer so aus, als ob der oberste Knopf seiner Jacke gleich platzen würde. Er hatte eine Begabung, doch ich weiß nicht mehr genau, was es war. Miranna, kannst du mir weiterhelfen?"

„Denke genau nach, Marla. Du weißt es.", antwortete Miranna.

„Oh ja genau! Immer wenn er die anderen Menschen ansah, mussten sie ihm alles erzählen - alles was in ihnen war, alles Verborgene.

Sie konnten sich nicht schlechter machen, als sie waren und mussten alle ihre Talente und Fähigkeiten preisgeben. Wie geht es Kevin denn heute?" „Das möchte ich dir erzählen, höre genau hin, wir tauchen nun in Kevins Leben ein", sagte Miranna.

Wald der Geheimnisse
„Von guten und weniger guten Geheimissen"

„Kevin, schnell, beeil dich und versteck die Kirschenmarmelade!", schrien die anderen und Kevin, der Klabautermann, versteckte das Glas hektisch unter seinem Pullover und rannte los.

Sein gesamter Körper bebte, er hatte Angst und war schweißgebadet. „Wir müssen schneller laufen, komm schon!", brüllten die anderen und legten noch einen Zahn zu. Kevin nahm all seine Kräfte zusammen und rannte noch schneller, um den anderen nachzukommen.

Er hoffte, dass sie bald da waren, seine Beine fühlten sich bereits an wie Wackelpudding – lange würde er das nicht mehr durchhalten. Mit letzter Kraft folgte er den anderen zum Baumhaus, über die Strickleiter nach oben, zog sie hoch und ließ sich erschöpft auf den Boden fallen.

„Puh, das war knapp", sagte einer der anderen und alle prusteten los – alle außer Kevin. Er war immer noch damit beschäftigt, wieder zu Atem zu kommen. Außerdem überkamen ihn schön langsam Selbstzweifel.

War das wirklich noch lustig, was sie da getan hatten?

Ja, sie hatten viel Spaß gehabt, als sie das Baumhaus gemeinsam gebaut hatten. Es war ein richtig tolles Projekt gewesen und auch wenn sich die Freunde immer wieder über Details stritten, halfen sie doch alle zusammen und erschufen ein supertolles Reich, in dem sie sich trafen, wann auch immer sie Zeit hatten, und in dem sie ihre geheimen Schätze versteckten.

„Ha, geheime Schätze", dachte er und zuckte verächtlich mit den Schultern, „die gehören doch gar nicht uns, wir stehlen sie von den anderen." So wie gerade das Glas Kirschenmarmelade, das sie einer alten Frau aus dem Keller gestohlen hatten, die sich den ganzen Sommer damit abgemüht hatte, die Kirschen zu pflücken, zu entkernen und einzukochen. Es war ganz schön viel Arbeit und er wusste, dass die alte Frau auf den Verkauf ihrer Marmelade angewiesen war.

Klar könnte man meinen, sie hatte doch noch genug davon und sie hätte einfach ihren Keller abschließen sollen.

Jakob, sein Freund, hatte nämlich herausgefunden, dass sie das nie tat und diese Mutprobe vorgeschlagen. Nachdem Kevin dazugehören wollte, konnte er nicht anders, als das zu tun, was von ihm erwartet wurde.

Das machten sie andauernd:
Sie überlegten sich die waghalsigsten Mutproben, bei denen in den meisten Fällen etwas von anderen gestohlen werde musste, und dann entschied das Los, wer die Mutprobe ausführen musste.

Die anderen standen Schmiere und anschließend begutachteten sie ihre Schätze in ihrem Baumhaus. Diesmal war eben er dran gewesen. Aber so lustig er die ganze Sache zu Beginn auch gefunden hatte, so groß waren mittlerweile seine Zweifel – war das alles wirklich noch lustig? Stehlen war schließlich nichts Gutes, das hatten ihn seine Eltern gelehrt. Aber wie sollte er das nur ändern? Wenn er dazugehören wollte, musste er einfach mitmachen.

Kevin war so in seinen Gedanken versunken, dass er gar nicht bemerkte, dass ihn all seine Freunde anstarrten. „He, du Tagträumer", sagte Jakob und stieß ihn von der Seite an, „jetzt rück schon endlich die Marmelade raus, wir haben Hunger." Kevin blinzelte verwirrt, dann griff er unter seinen Pullover, zog das Glas heraus und gab es ab. Triumphierend streckte Jakob es in die Luft und stieß einen Siegesschrei aus. „Auf die Marmelade!", rief er und alle stimmten ein.

Dann öffnete er das Glas und alle begannen sofort, das leckere Mus zu verschlingen.

„Hier, nimm auch was", sagte einer seiner Freunde mampfend und hielt ihm das Glas hin. „Danke, ich habe keinen Hunger", erwiderte Kevin und schüttelte den Kopf. „Ich fühle mich nicht gut, ich werde nach Hause gehen", fügte er hinzu, ließ die Strickleiter hinab, kletterte daran hinunter und machte sich auf den Heimweg. Er hätte nicht einen Bissen davon hinunterbekommen, sein Magen fühlte sich an, als wäre er mit Steinen gefüllt und zugeschnürt worden.

Kevin, der Klabauter, lebte mit seinen Eltern und seinem Großvater auf einem kleinen Boot, das im Hafen zwischen zahlreichen großen

Schiffen versteckt lag.

Auf leisen Sohlen schlich er in sein Zimmer, da er hoffte, niemandem zu begegnen. Er hätte ihnen nicht in die Augen sehen können, denn er war sich sicher, dass sie bereits wussten, was er heute angestellt hatte. Er fühlte, dass es nichts Gutes war, und nachdem er ohnehin keinen Hunger hatte, ging er ohne Abendbrot ins Bett.

Am nächsten Morgen stand er so spät wie möglich auf, um sogleich in die Schule zu gehen, ohne irgendjemandem Rechenschaft ablegen zu müssen. Obwohl er sehr gehetzt wirkte, passte ihn sein Großvater an der Planke ab, bevor er das Schiff verlassen konnte.

„Guten Morgen, Kevin", sagte er, „hast du denn keinen Hunger? Du hast gar nicht gefrühstückt, das ist doch sonst nicht deine Art. Ist alles in Ordnung bei dir?" Kevin atmete tief ein, bevor er sich umdrehte. Er sah seinen Großvater nicht an, sondern stand mit gesenktem Blick da und nuschelte: „Nein, ich habe heute keinen Hunger. Ich muss zur Schule, ich bin spät dran. Bis später." Mit diesen Worten drehte er sich um und lief hastig davon.

Der Tag verging und Kevins Bauchschmerzen wurden zunehmend schlimmer.

Erst überlegte er, ob er vielleicht doch Hunger hatte, immerhin hatte er nichts gefrühstückt und gestern kein Abendbrot gehabt. Doch als er mit seinen Freunden in die Schulkantine ging, um zu Mittag zu essen, wurde ihm beinahe schlecht.

Vielleicht hatte er sich den Magen verdorben? Seine Freunde hatten dieses Problem anscheinend nicht. Gut gelaunt saßen sie am Mittagstisch, verschlangen ihr Essen und lachten über den gelungenen Coup vom Vortag. Kevin saß einfach still daneben und beobachtete sie.

„Hey, Kevin", rief Jakob, „was ist denn los? Bist du krank? Du warst gestern schon so komisch."

Kevin überlegte, ob er seinen Freunden von seinen Bedenken, was das Stehlen betraf, erzählen sollte, entschied sich dann jedoch dagegen. Sie würden es nicht verstehen und ihn verstoßen, da war er sich sicher. „Ach, nichts", sagte er, „ich muss nach Hause." Er schnappte sich seinen Rucksack und machte sich auf den Weg.

Er machte einen großen Umweg, so groß, dass er erst am Abend wieder zu Hause war, kurz bevor er zu Bett gehen musste. Er wollte es tunlichst vermeiden, seinen Eltern, oder gar seinem Großvater, in die Arme zu laufen. Der wusste bestimmt schon, was er angestellt hatte, er hatte ihn am Morgen ja bereits so komisch angesehen.

Als er vor der Eingangstür zu seinem Schiff stand, legte er zuerst das Ohr daran und lauschte, ob er jemanden hören konnte. Nichts, alles war ruhig. Mit etwas Glück würde er niemanden sehen und konnte blitzschnell in sein Zimmer huschen. Vorsichtig öffnete er die Tür, die langsam und mit einem leisen Knarren aufschwang. Er streckte den Kopf durch den Rahmen und erstarrte: Sein Großvater saß auf dem Schaukelstuhl im Wohnzimmer, kaute an seiner Pfeife herum und blickte ihn an.

„Kevin", begann er, „kommst du bitte mal her?" „Mist!", dachte Kevin und trat widerwillig ein. Er schleppte sich zu seinem Großvater und blieb mit zum Boden gesenktem Blick stehen.

„Komm her, mein Junge", sagte er, klopfte auf seine Schenkel und fügte hinzu: „Setz dich auf meinen Schoß, ich möchte etwas mit dir besprechen." Mit klopfendem Herzen kam er seiner Bitte nach, kletterte auf seinen Schoß und sah ihn verängstigt an. „Wie geht es dir?", fragte der Großvater. „Danke, alles in Ordnung", log Kevin. Natürlich wusste der alte Mann, dass das nicht stimmte, weswegen er es noch einmal versuchte: „Gut, Kevin, dann frag ich dich eben direkt: Was ist los mit dir? Du isst nichts mehr und blickst sofort bedrückt zu Boden, wenn du mich siehst.

Es ist offensichtlich, dass du dich nicht wohlfühlst.

Du weißt, du kannst mir alles sagen. Also, was ist los?"

In dem Moment betrat Kevins Mutter die Stube. „Gott sei Dank", dachte Kevin erleichtert und sagte: „Wisst ihr, ich fühle mich nicht gut. Ich habe Bauchschmerzen und glaube, ich werde krank." „Oh, mein armer Schatz", sagte seine Mutter besorgt, kam zu ihm und strich ihm übers Haar.

„Du siehst auch gar nicht gut aus, du bist ganz blass. Und gegessen hast du heute vermutlich auch noch nichts. Komm, wir gehen zum Arzt."

Erleichtert kletterte Kevin vom Schoß seines Großvaters und machte sich mit seiner Mutter auf den Weg zum Dorfarzt, der ihn spät abends noch zuhause empfing. Er untersuchte Kevin, konnte jedoch nichts feststellen. „Tut mir leid", sagte er, „ich kann einfach nichts finden."

Ratlos gingen Kevin und seine Mutter wieder nach Hause. Dort wartete schon der Großvater auf die beiden: „Was hat der Arzt gesagt?", fragte er. „Nichts Hilfreiches", sagte Kevins Mutter, „er konnte nichts finden."

„Ich bin müde", sagte Kevin, „ich geh schlafen." Er drehte sich um und wollte schon in sein Zimmer gehen, als er seinen Großvater sagen hörte: „Warte, ich bring dich ins Bett." Kevin erstarrte in seiner Bewegung – Mist! Kevins Großvater legte ihm die Hand auf die Schulter und schob ihn vorsichtig vorwärts. „Komm, mein Junge, wir gehen."

In seinem Zimmer angekommen, schlüpfte er sofort unter seine Bettdecke und sagte: „Danke, Großvater, du kannst wieder gehen." Dieser lächelte gutmütig, setzte sich auf die Bettkante und sagte: „Ich möchte aber gerne noch mit dir reden. Du hast Bauchschmerzen, richtig?" „Ja, vielleicht habe ich etwas Schlechtes gegessen", antwortete Kevin.

Der Großvater lachte leise: „Kevin, du isst kaum noch, du siehst niemandem mehr in die Augen und der Arzt kann auch nichts finden. Kann es sein, dass du ein Geheimnis hast?"

Kevin wandte den Blick ab und sagte: „Was? Ein Geheimnis? Ich habe kein Geheimnis." „Ich verstehe", sagte der Großvater, „du musst nichts sagen und ich möchte dich auch nicht noch einmal fragen.

Aber ich möchte dir etwas über Geheimnisse erzählen. Die meisten Geheimnisse sind gut und es ist auch gut, dass du welche hast oder die Geheimnisse für dich behältst, die dir anvertraut werden.

Aber nicht alle Geheimnisse sind gut.

Manchmal verursachen sie uns Bauchschmerzen, dann solltest du sie nicht für dich behalten, sondern mit jemandem darüber sprechen." Er ließ seine Worte im Raum stehen und nach einigen Momenten machte er Anstalten, aufzustehen und zu gehen.

„Warte", sagte Kevin und eine dicke Träne rollte über seine Wange, „du hast Recht, ich habe ein Geheimnis, das mir Bauchschmerzen verursacht."

Der Großvater setzte sich wieder zu ihm und sah ihn an. „Ich habe der alten Dame bei der Mühle ein Glas Kirschenmarmelade gestohlen", erzählte er und begann leise zu weinen. „Ich weiß", entgegnete sein Großvater.

„Wie? Du weißt es?", erschrocken blickte er ihn an, „aber woher?" „Die alte Dame kam zu mir, sie hatte deine Mütze in ihrem Keller gefunden. Als sie sich näher umschaute, erkannte sie, dass ein Glas fehlte. Zuerst dachte sie sich nichts dabei, aber dann zählte sie eins und eins zusammen, brachte mir die Mütze und erzählte mir davon."

„Es tut mir so leid", schniefte Kevin, „ich weiß, das war nicht in Ordnung. Aber ich konnte nicht anders, weißt du. Es war eine Mutprobe und diesmal war ich dran. Was hätte ich denn tun sollen?" „Du hättest es nicht machen sollen", schlug der Großvater vor. „Aber dann hätten mich die anderen für einen Feigling gehalten", sagte Kevin leise.

Der Großvater sah ihn gütig an: „Ich verrate dir jetzt eine der wichtigsten Weisheiten des Lebens. Ein Feigling ist nur jemand, der alles tut, was andere von ihm erwarten. Wenn du wahre Stärke beweisen willst, steh zu dir selbst, bleib deinen Prinzipien treu und sag auch einmal Nein.

Ich weiß, es ist etwas, das du mit deinen jungen Jahren noch nicht verstehen kannst, aber durch dieses Verhalten wirst du dir im Laufe der Zeit sehr viel Respekt verdienen. Auch ich musste das erst lernen und auch ich habe viel Unfug getrieben.

Wichtig ist aber, wie du damit umgehst. Egal, was du anstellst, du kannst dafür geradestehen und es wieder ins Lot bringen. Ich weiß, in dem Fall war es nur ein Glas Marmelade, aber du weißt ganz genau, dass die alte Dame nur sehr wenig Geld hat und deshalb auf den Verkauf jedes einzelnen Glases Marmelade angewiesen ist. Was kannst du nun also tun, um das wieder gutzumachen?"

Kevin überlegte kurz, dann sagte er kleinlaut: „Ich kann mich bei der Dame entschuldigen. Und ich kann ihr die Marmelade bezahlen." Der Großvater lächelte zufrieden: „Das klingt sehr gut. Soll ich mitkommen?" Kevins Miene hellte sich auf: „Sehr gerne."

Obwohl es schon Abend war, machten sich die beiden auf den Weg zum Haus der alten Dame. Sie saß in einem Stuhl im Garten und lächelte sie freundlich an: „Ich habe euch schon erwartet."

Kevin ging auf sie zu, blieb vor ihr stehen und blickte sie schüchtern an. „Es tut mir leid, dass ich Ihre Marmelade gestohlen habe", sagte er und überreichte ihr ein paar Münzen. „Hier, ich möchte sie bezahlen."

„Das ist sehr anständig von dir", sagte sie und setzte fort: „Darf ich fragen, warum du das getan hast?" „Wir machen Mutproben und diesmal war ich dran. Ich wollte einfach zur Gruppe dazugehören." Betreten sah er zu Boden. „Das verstehe ich", sagte die alte Dame, „aber weißt du, es erfordert viel mehr Mut, seine Fehler zuzugeben als heimlich etwas zu stehlen.

Hast du denn etwas daraus gelernt?" „Ja!", antwortete Kevin, „Stehlen ist schlecht und verursacht Bauchschmerzen. Ich sollte nichts tun, das sich nicht gut anfühlt, egal was andere von mir erwarten."

„Du bist ein kluger Junge, Kevin, und du bist sehr höflich, das zeichnet dich aus", sagte die alte Dame, „damit wirst du es weit bringen." „Danke, dass Sie mir verzeihen", sagte Kevin erleichtert.

„Gern geschehen", antwortete die Dame. „Und was das Geld angeht", sagte sie und streckte ihm die Münzen entgegen, die er ihr zuvor gegeben hatte, „ich möchte, dass du sie behältst." „Wirklich?", fragte er ungläubig.

„Wirklich", entgegnete die Dame, „stattdessen wünsche ich mir, dass du mir im Garten hilfst. Wenn du möchtest, kannst du mir bei der Apfelernte helfen oder die Kirschbäume zurückschneiden. Im Gegenzug dafür kannst du gerne ein paar Gläser Marmelade haben. Wie klingt das für dich?" „Das klingt gut", sagte Kevin und freute sich von ganzem Herzen, dass die alte Dame so freundlich zu ihm war.

Diese Geschichte war Kevin eine Lehre und er lernte sehr viele Dinge dadurch. So etwa, dass hinter allem viel Arbeit steckt, dass es nicht weh tut, wenn man sich entschuldigt, dass man dafür manchmal sogar belohnt wird, aber vor allem, dass man immer zu sich und seinen Prinzipien stehen sollte. Der Großvater war sehr stolz auf Kevin und wusste, dass dieser von nun an immer die richtigen Entscheidungen treffen würde.

„Oh... Er hat etwas gestohlen. Das wusste ich nicht. Das ist nicht gut jemand anderem etwas wegzunehmen, stimmt´s?", fragte Marla.

Daraufhin Miranna: „Stimmt Marla, das ist nicht gut, dass er das gemacht hat, aber ich denke, er hat daraus gelernt. Oder glaubst du, dass er es wieder machen wollen würde?" „Nein, das glaube ich nicht", schüttelte Marla den Kopf, „ganz sicher nicht.

Ich denke, dass er daraus gelernt hat. Aber weißt du, Miranna, manchmal habe auch ich das Gefühl, dass ich meiner Umgebung etwas sagen möchte, aber ich weiß nicht genau, wie ich es sagen soll.

Oder manchmal möchte ich etwas erhalten, jedoch weiß ich nicht, wie ich es bekommen sollte." „Dann ist es Zeit", so Miranna, „Zeit, dass ich dir den alten und obersten Zauberer aller Zauberer zeige.

Hast du noch Lust gemeinsam mit mir weiter durch den Zauberwald zu reisen?" „Aber natürlich! Diese Reise ist genial! Bitte, bitte, nimm mich weiter mit in die Köpfe und Herzen dieser besonderen Wesen, die ich längst vergessen hatte. Ich fühle mich etwas schlecht deswegen." Doch Miranna beruhigte sie: „Das musst du nicht. Wichtig ist es nur, dass du dich nun an jeden Einzelnen davon zurückerinnerst."

„Da ist ja Hagalif! Das habe ich direkt am Geruch bemerkt. Er riecht immer saftig süß wie Lakritze.

Jetzt weiß ich es wieder. Hagalif hat immer einen Spitzhut auf und er hat natürlich auch einen Zauberstab, mit dem er stets exakt das ausdrücken kann, was er gerade sagen möchte.

Er half den Wesen damals ihre Gedanken richtig und für andere verständlich auszusprechen. Hagalif könnte mir zeigen wie ich mit meinen Eltern sprechen könnte, damit sie mich besser verstehen!"
„Das ist richtig lieb, Marla", entgegnete Miranna, „deshalb erfährst du nun die Geschichte von Hagalif."

Wald der Kommunikation

„Die Welt mit der Sprache zu einem besseren Ort zaubern"

Ich möchte dir nun die Geschichte von Hagalif, dem Zauberer aller Zauberer im Wald der Kommunikation, erzählen. Wie alle anderen Geschichten, die du bisher in diesem Buch vorgefunden hast, ist auch dies zu Beginn keine sehr schöne Geschichte, aber eine, die ein schönes Ende findet.

Hagalif ist der mächtigste aller Zauberer. Er wurde als jüngster von drei Geschwistern geboren und lebte mit seiner Familie im Wald. Täglich machte er sich auf den Weg in die Zauberschule, in der es noch viele andere Zauberlehrlinge gab. Er liebte die Schule, denn er mochte es, neue Dinge zu erlernen und die Welt der Zauberei zu entdecken.

Eines Tages kam es jedoch zu einem unschönen Vorfall:

Einer seiner Mitschüler warf Hagalifs Mittagessen zu Boden. Hagalif starrte ihn an und wartete auf eine Entschuldigung, doch schnell wurde ihm klar, dass sein Essen nicht aus Versehen am Boden gelandet war. Die anderen lachten darüber und auch in den nächsten Tagen verspotteten sie ihn deshalb und hänselten ihn immer mehr. Das führte dazu, dass Hagalif immer ruhiger wurde und er sich immer mehr zurückzog.

Es war aber nicht genug, dass ihn die Kinder wegen dieses Vorfalls aufzogen, fast täglich kamen neue Geschichten hinzu, die oft überhaupt nicht stimmten. Das war ihnen aber egal und sie verspotteten ihn von Tag zu Tag mehr. Das führte sogar so weit, dass Hagalif nicht mehr zur Schule gehen wollte. Er wurde zunehmend ängstlicher, fühlte sich niedergeschlagen und sagte jeden Morgen, dass er starke Kopfschmerzen hatte, nur damit er zu Hause bleiben durfte.

Nach ein paar Tagen fiel Hagalifs Bruder auf, dass etwas nicht stimmte. Er selbst war stark und selbstbewusst und wusste, was er wollte. In der Zauberschule war er einer der Anführer, einer von den beliebten Schülern, die den Ton angaben.
Eines Nachmittags, als sich Haglif trotz strahlendstem Sonnenschein in seinem dunklen Zimmer einschloss, stattete er ihm einen Besuch ab. „Darf ich reinkommen?", fragte er.

Hagalif gab keine Antwort, weswegen sein Bruder einfach eintrat. Hagalif lag zusammengerollt auf seinem Bett. Der andere zog sich einen Stuhl heran und setzte sich neben ihn.

„Kleiner Bruder, was ist nur los mit dir? So kenne ich dich gar nicht. Seit wann magst du denn nicht mehr zur Zauberschule gehen? Ist etwas passiert?"

Auch wenn Hagalif das nicht wollte, konnte er seine Wut und Enttäuschung nicht unterdrücken und es platzte aus ihm heraus: „Die anderen Kinder sind so gemein zu mir. Sie verspotten mich immer. Ich mag einfach nicht mehr dorthin gehen. Ich fühle mich nicht gut, ich habe Bauch- und Kopfschmerzen und mag gar nicht mehr aus dem Bett kommen."

Der große Bruder nahm ihn tröstend in den Arm. „Ich möchte dir eine Geschichte erzählen, die du vielleicht noch nicht kennst. Auch mir ist es anfangs so ergangen, als ich auf die Zauberschule ging. Obwohl ich mich so sehr bemühte, dazuzugehören – oder vielleicht gerade deswegen – wurde ich nur verspottet. Immer fanden sie etwas Neues, mit dem sie mich aufziehen konnten und auch ich wollte nicht mehr in die Schule gehen." „Wirklich?", fragte Hagalif ungläubig, „Aber du gehörst zu den beliebtesten Kindern der Schule. Alle schauen zu dir auf und folgen dir." „Das ist richtig, kleiner Bruder, aber es war ein langer Weg bis dorthin. Ich musste mich erst hinsetzen und einen Plan entwickeln." „Welcher Plan war das?", fragte Hagalif, „Kannst du mir davon erzählen?"

So begann der Bruder von seinem geheimen Plan zu berichten, von einer ganz besonderen Schatzsuche. „Weißt du, Hagalif", begann er, „du bist ein Schatz." Er machte eine kurze Pause, um zu sehen, ob sein kleiner Bruder das verstand. Dem war nicht so, denn Hagalif antwortete: „Das ist doch überhaupt nicht wahr? Wie soll das denn gehen? Alle anderen sind gemein zu mir, wie kann ich denn dann ein Schatz sein? Ich kann doch gar nichts wirklich gut." Enttäuscht rollte er sich auf die andere Seite, sodass er seinem großen Bruder nun den Rücken zuwandte.

„Doch, du bist ein Schatz", entgegnete sein großer Bruder, „weil du etwas in dir trägst, das nur du hast und das die anderen auch gerne hätten."

Hagalif verstand nicht, was ihm sein Bruder damit sagen wollte, drehte sich aber dennoch neugierig zu ihm um. „Was meinst du damit?", fragte er. „Ich verrate dir jetzt ein wirklich mächtiges Geheimnis.", begann sein Bruder, „Wenn Kinder gemein zu dir sind, haben sie in Wahrheit Angst vor dir. Du bist sehr schlau und ich denke, das ängstigt die anderen Kinder, weil sie mit dir nicht mithalten können. Ihnen wird bewusst, dass du mit dieser Fähigkeit später sehr viel erreichen kannst und sie haben Angst davor, dass du ihnen überlegen bist. Und sie haben recht damit." „Meinst du wirklich?", fragte Hagalif. „Ja", entgegnete sein Bruder, „davon bin ich überzeugt. Und du solltest das auch sein, dann können sie dir nichts mehr anhaben. Ich werde dir nun ein paar Zaubertipps verraten, wie du besser damit umgehen kannst. Ich versichere dir, wenn du sie befolgst, werden die Kinder aufhören, gemein zu dir zu sein, denn sie werden merken, dass sie dir nichts mehr anhaben können. Genauso war es bei mir auch und nur deshalb haben sie heute so viel Respekt vor mir."

Hagalif blickte seinen Bruder erwartungsvoll an und dieser begann zu erzählen. „Deine Körpersprache ist das Wichtigste: geh immer aufrecht und selbstsicher. Wenn du deinen Bauch einziehst und die Brust herausstreckst, gehst du automatisch aufrecht – wie ein Superheld. Du wirst erstaunt sein, welche Wirkung das auf die anderen hat. Gibt es einen Superhelden, der dir besonders gut gefällt?", fragte er.

„Ja!", sagte Hagalif und setzte sich aufgeregt auf. „Mächtig gut.", sagte sein Bruder, „Dann sieh ihn dir genau an: Wie steht er da und wie verhält er sich? Nimm dir ein Beispiel an ihm. Du kannst dir auch ein Poster von ihm an die Wand hängen, damit du das nie vergisst. Komm, steh auf, wir probieren das gleich einmal." Hagalif erhob sich aus dem Bett auf, stellte sich seinem Bruder gegenüber hin und sah ihn erwartungsvoll an. „Was soll ich jetzt tun?", fragte er. „Stell dich aufrecht hin", sagte sein großer Bruder, „streck die Brust raus, straff die Schultern und steh gerade. Kopf hoch und trag deinen Schatz mit Stolz. Stell dir vor, du hättest eine Krone auf dem Kopf." Hagalif versuchte es und es klappte ganz gut. „Super", lobte ihn sein Bruder, „jetzt sieh dich mal im Spiegel an. Schau ganz genau hin: Was siehst du?" Hagalif betrachtete sich im Spiegel. „Ich sehe ganz verändert aus, viel größer. Und ich fühle mich viel stärker. Das ist ein super Zaubertipp, danke!" Dann wurde er wieder ruhiger und fragte vorsichtig: „Wenn ich in der Schule so gehe, hören sie auf, mich zu verspotten?"

„Noch nicht", sagte sein Bruder, „es gibt noch einen zweiten Tipp: Denk immer positiv." „Hä?", war Hagalif verwirrt, „wie soll das denn gehen? Ich kann doch nicht einfach meine Gedanken im Kopf verändern." „Doch, das kannst du", sagte sein Bruder, „und ich werde dir zeigen, wie das geht. Woran denkst du, wenn du an die Schule denkst?" Hagalif wurde traurig: „Ich habe Angst davor, dass die anderen Kinder wieder gemein zu mir sind." „Das kannst du ändern. Stell dir vor, wie schön die Schule ist. Stell dir vor, wie es sich anfühlt, wenn du in die Zauberschule kommst und dich alle Kinder mit einem Lächeln anschauen. Sie kommen auf dich zu, wollen unbedingt neben dir sitzen und wählen dich beim Sport als Ersten in ihre Mannschaft."

„Das klingt fantastisch", war Hagalif begeistert, „aber leider ist das nicht so." „Das ist nicht wichtig", sagte sein Bruder, „wichtig ist nur, dass du dir merkst, wie es sich anfühlt, wenn es so wäre. Wenn du das immer wieder übst, kannst du dieses Gefühl ganz einfach abrufen. Und wenn du das schaffst, fühlst du dich auch so und strahlst es nach außen aus. Das merken die anderen Kinder und verhalten sich dir gegenüber anders." „Das klingt interessant.", sagte Hagalif, „Das heißt also, wenn ich mir das jeden Tag vorstelle, dann wird das auch so?" Sein Bruder nickte.

„Es gibt jedoch noch etwas, das wir tun können – nämlich zusammen. Möchtest du es hören?" Voller Vorfreude riss Hagalif die Augen auf, denn er liebte es, wenn er Dinge gemeinsam mit seinem großen Bruder tun konnte.

„Erzähl, erzähl", sagte er ganz aufgeregt. „Wir werden ein paar Dinge gemeinsam machen, die du noch nie gemacht hast", sagte sein Bruder. „Es wird nicht immer alles klappen und du wirst Fehler machen, aber das ist okay. Daraus kannst du viel lernen und mit jeder neuen Erfahrung wirst du neue Stärken hinzubekommen. Morgen werden wir fischen gehen und übermorgen Kanufahren und Ende der Woche bauen wir ein Baumhaus. Jede dieser Aktivitäten wird dich stärken und dir neue Kräfte verleihen, wie bei einem Superhelden.

Das Tollste kommt aber noch:
Nicht nur ich werde stolz auf dich sein, sondern du wirst lernen, dass auch du selbst stolz auf dich sein kannst."

Hagalif dachte ein paar Minuten über all die Dinge nach. Das klang sehr einleuchtend und er glaubte, dass er das alles umsetzen konnte. Dennoch hatte er noch Bedenken: „Hast du nicht noch einen Tipp für mich, was ich tun kann, wenn die anderen Kinder trotzdem wieder gemein zu mir sind? Was kann ich sagen, damit sie aufhören, mich zu ärgern?" „Das ist ganz einfach", sagte sein Bruder, „frag einfach nach dem „Warum." Hagalif sah verdutzt drein. „Was meinst du damit? Ich kann doch nicht einfach fragen: ‚Warum tust du das?'" „Warum nicht?", antwortete sein Bruder. „Wenn ein anderes Kind gemein zu dir ist, frag es einfach, warum es das tut.

Du wirst erstaunt sein, was dann geschieht. Die meisten Kinder wissen gar nicht, warum sie so zu dir sind. Du hast dadurch auch einen Vorteil, denn du lenkst das andere Kind ab. In dem Moment, in dem es beginnt, darüber nachzudenken, kannst du dir überlegen, was du tun möchtest: Bleibst du in der Situation oder packst du deine Sachen und gehst. Beide Optionen sind in Ordnung und aus beiden kannst du etwas lernen. Du musst nicht immer alle Zustände durchleben, du sollst aber auch nicht vor allen davonlaufen. In welchen Situationen du wie reagierst, bleibt dir selbst überlassen. Ich will ehrlich sein, es erfordert etwas Mut und Erfahrung, bis du das gelernt hast, aber glaube mir, wenn ich dir sage, dass es sich auszahlen wird. Und vergiss nie: Immer, wenn du Tipps oder jemanden zum Reden brauchst, kommst du einfach zu mir."

Glücklich umarmte Hagalif seinen großen Bruder. „Danke, das sind wertvolle Tipps, die werde ich befolgen." Wie sein Bruder prophezeit hatte, war es ein langer Weg, aber Hagalif wuchs täglich an dieser Herausforderung. Er lernte, wie er richtig mit anderen umgehen musste und Dinge zu hinterfragen. Das führte dazu, dass auch die Menschen, mit denen er zu tun hatte, begannen, ihr Verhalten in Frage zu stellen und es dadurch änderten. Durch diesen Lernprozess wurde Hagalif zum beliebtesten und mächtigsten Zauberer des Waldes.

„Oh je… Hagalif erging es nicht gut in dieser komischen Schule. Weißt du, Miranna, irgendwie bin ich froh, dass wir keine Schule mehr haben.

Wir lernen zwar auch sehr viel, aber wir müssen nicht mehr tagelang still in einem Raum sitzen und jemandem zuhören. Dazu kommt, dass wir auch unsere eigenen Entscheidungen treffen dürfen und uns unsere eigenen Grenzen setzen dürfen. Es ist nämlich schon auch wichtig, nicht immer alles haben zu wollen, sondern auch etwas zu geben. Wir gehen oft in den Wald und in die Natur und erkennen uns selbst in den Pflanzen zum Beispiel, oder wir helfen den Nachbarn und lernen durch das Tun.

Speziell wenn es um Pflichten geht, wie Höflichkeit oder eine gute Umgangssprache, habe ich viel von den Älteren in unserem Dorf gelernt. Denn ich glaube, und das hat mich mein Vater gelehrt, dass gewisse Grenzen auch wichtig sind. Natürlich ist es auch wichtig, dass ich alles tun kann, was ich möchte, aber dabei darf man niemals vergessen, dass man achtsam mit anderen umgeht."

„Dein Vater ist ein guter, weiser Mann, Marla, sowie auch deine Mutter gut und weise ist. Vielleicht kann Hagalifs Geschichte dir helfen."
„Die hilft mir ganz bestimmt! Jetzt weiß ich auch, wie ich zu „gehen" habe, wie ich auftreten sollte und wie ich mit anderen Menschen reden sollte. Doch weißt du", und nun wurde Marla immer trauriger, „manchmal habe ich so viel Energie in mir, dass ich nicht weiß, wohin damit.

Dann möchte ich am liebsten die Welt entzweien. Ich möchte alles von meiner Mutter lernen und auch alles von meinem Vater. Aber die Zeit reicht nicht aus. Ich muss mich für eine Seite entscheiden.

Das wird mir immer klarer." Miranna versuchte sie zu beruhigen: „Marla, warte noch ein bisschen ab. Vielleicht hilft dir der Wald der Träume und Visionen. Vielleicht kann dir ein gewisser Kobold helfen.

Reisen wir weiter. Du wirst überrascht sein, was uns noch erwartet".

„Zacharif!", schallte es aus Marlas Mund, „Der alte Zacharif, den meinst du! Das ist ein sehr lustiger Kobold. Weißt du, dass Kobolde oft nach Orange riechen?" "Ja, das weiß ich", lachte Miranna, „ich kenne ein paar davon und du hast Recht: Zacharif ist der Anführer der Kobolde.

Er ist einer der unruhigsten Kobolde, die ich kenne, aber gleichzeitig ist er sehr faszinierend. Er kann nämlich das Gesicht eines kleinen Kindes aufsetzen und in der nächsten Sekunde hat er das Gesicht eines alten Mannes." Marla erinnerte sich: „Oh ja! Das war immer sehr lustig ihm stundenlang zuzusehen, wie er seine Gesichter wechselte. Was ist die genaue Geschichte von Zacharif?"

„Wenn du sie wissen möchtest, dann werde ich sie dir nun erzählen.", entgegnete Miranna mit einem verschmitzten Herzenslächeln.

Wald der Träume & Visionen

„Die Magie der Träume und Visionen"

„Papa, Papa!", hallte es aufgeregt durch den Raum, „Komm, ich will spielen."

Aufgebracht hüpfte Zacharif neben seinem Papa, der gerade in seine Zeitung vertieft auf dem Sofa herumlungerte, auf und ab.

„Bitte, Zacharif, gib doch endlich Ruhe. Kannst du dich nicht einfach einmal 30 Minuten ruhig hinsetzen und zum Beispiel deine Hausaufgaben erledigen?"

Zacharif schnaubte genervt. Er wollte keine Hausaufgaben machen, das war langweilig. Außerdem konnte er sich nicht konzentrieren. Er wollte hinaus, er wollte etwas tun, aktiv sein, seine Unruhe ausleben.

Wie immer zeigte sein Vater kein Verständnis dafür. Seine Mutter war da hingegen schon geduldiger. Sie lächelte ihn an und sagte: „Ach, Zacharif, du alter Zappelphilipp, du Zappelkönig unter den Kobolden. Wie können wir dich nur ruhigstellen?" Zacharif überlegte, zuckte dann mit den Schultern und antwortete: „Woher soll ich das denn wissen? Ich habe sooooooo viel Energie, ich möchte am liebsten Bäume ausreißen. Herumsitzen und ruhig sein ist sooooooo langweilig. Bitte, Mama, was können wir machen?"

Während seine Mutter noch überlegte, was denn mit so einem unruhigen Geist anzufangen war, hatte sein Vater schon eine Idee: „Wie wäre es, wenn du es mit Meditieren versuchst?"

Zacharif sah ihn verwirrt an: „Medi… Meda… was?" Der Vater lachte: „Meditieren. Dabei begibst du dich in einen Zustand der Ruhe und konzentrierst dich ganz auf das Hier und Jetzt. Du kannst es ganz einfach ausprobieren, indem du dir einen gemütlichen Platz in deinem Zimmer suchst, dich auf deine Atmung konzentrierst und endlich mal ein bisschen Ruhe einkehren lässt." „Laaaaangweilig", rief Zacharif und wuselte weiter durch das Zimmer. Seine Mutter sah ihn an und meinte: „Ich wette, du schaffst das. Probiere es doch einmal aus. Und wenn es nicht klappt, kommst du einfach wieder runter." Zacharif sah sie skeptisch an.

„Aber ich will nicht", maulte er. „Bitte, sei doch so lieb und versuch es wenigstens mir zuliebe", bat seine Mutter. Schnaubend seufzte er und gab ein genervtes „Na gut!" von sich. Dann schleppte er sich die Stufen hoch in sein Zimmer. Als er die Zimmertür hinter sich geschlossen hatte, wandte sich seine Mutter an seinen Vater und meinte: „Das war eine gute Idee. Leider glaube ich nicht, dass das funktionieren wird, er ist ein viel zu unruhiger Geist."

Sie sollte recht behalten. Nervös lief Zacharif in seinem Zimmer auf und ab. „Was hat Papa gesagt? Setz dich hin und konzentrier dich auf deine Atmung", wiederholte er in Gedanken die Worte seines Vaters. „Okay, dann setz ich mich mal hin", sagte er zu sich selbst und nahm auf dem Bett Platz. Nein, dieser Ort war nicht gut. Vielleicht sein Schreibtischstuhl? Auch nicht. Und wenn er sich mitten im Raum auf dem Boden niederließ? Auch dieser Platz passte nicht für ihn.

Er war einfach viel zu unruhig. Seine Hände zitterten und sein ganzer Körper signalisierte ihm immerzu: „Beweg dich, beweg dich, beweg dich, beweg dich…" Wie konnte er da nur ruhig dasitzen und nachdenken. Und überhaupt, worüber sollte er denn nachdenken? Er erinnerte sich an die Worte seiner Mutter und versuchte es noch einmal. Doch wieder schrie sein Körper: „Ich will nicht nachdenken, ich will mich bewegen, ich will etwas tun!" Für ihn fühlte sich der Versuch wie eine Ewigkeit an. Schließlich verließ er sein Zimmer und ging zurück zu seinen Eltern.

„Du bist schon wieder da?", fragte seine Mutter verdutzt. „Ja, ich habe es echt lang probiert, mindestens drei Stunden lang, aber es hat einfach nicht geklappt."

Seine Mutter lachte: „Aber du warst doch nur 3 Minuten weg." Zacharif sah sie ungläubig an, dann entgegnete er trotzig: „Für mich hat es sich aber viiiiiiiiiel länger angefühlt." Liebevoll sah ihn seine Mutter an. „Komm, Zacharif", sagte sie, „ich zeige dir, wie du diese innere Anspannung und Unruhe ganz einfach wegbekommen kannst."

Sein Vater blickte ebenso erstaunt auf wie Zacharif. „Wie denn?", fragten sie beide wie aus einem Mund und mussten lachen. „Was hast du nur vor, meine Liebe?", fragte sein Vater. „Ich habe es dir noch nie erzählt", begann die Mutter, „aber auch ich war ein sehr unruhiges Koboldmädchen. Ich konnte mich nie lange auf eine Sache konzentrieren und dieses ganze Meditations-Dings hat bei mir auch nicht funktioniert. Es hat sogar das Gegenteil bewirkt: Ich bin nur noch unruhiger geworden."

Zacharif und sein Vater wechselten einen überraschten Blick. „Tatsächlich?", fragte Zacharif, „Aber du bist doch immer so ruhig." „Ja", sagte die Mutter, „weil ich von meiner Mutter gelernt habe, wie das geht. Komm mit und ich zeige es dir." „Okay", sagte Zacharif, „aber vorher verrate mir, was du vorhast." „Wir werden eine Schatzsuche machen", sagte die Mutter. „Ja! Das klingt lustig", freute sich Zacharif. „Super, gib mir noch 2 Minuten, damit ich mich umziehen kann."

Zacharif war ein kleiner, sehr wissbegieriger Kobold. Er hatte ständig 1000 Fragen im Kopf und konnte keine drei Minuten still sitzen. Deshalb war er auch sehr ungeduldig, weshalb er nun die ganze Zeit um seine Mutter herumtänzelte und fragte: „Gehen wir nun endlich? Ist es endlich soweit? Wann geht die Schatzsuche los?"

Nach einer gefühlten Ewigkeit war seine Mutter schließlich fertig und sie verließen das Haus. Sie machten sich auf den Weg durch das Dorf, in dem sie lebten.

„Wann beginnt denn nun endlich unsere Schatzsuche?", fragte er gelangweilt. „Nur Geduld", erwiderte seine Mutter. Sie gingen noch ein Stück weiter, dann wandte sich seine Mutter ihm zu: „Mein lieber Zacharif, ich gebe dir nun eine Aufgabe.

Sie ist sehr wichtig, hör deshalb genau zu. In unserem Dorf leben sehr viele Kobolde. Alte und junge Kobolde, gute und weniger gute Kobolde, und natürlich Kobolde von unterschiedlichster Herkunft.

All diese Kobolde werfen Dinge weg." Sie machte eine kurze Pause, woraufhin sie von Zacharif mit hochgezogenen Augenbrauen gemustert wurde. „Na und?", fragte er. „Deine Aufgabe ist es, mit mir nach diesen Dingen zu suchen."

„Echt jetzt?", fragte er genervt, „Wozu soll das denn gut sein? Ich dachte, wir gehen auf Schatzsuche und jetzt suchen wir den Müll anderer Kobolde?" „Ja, genau", ließ sich seine Mutter nicht irritieren,

„du wirst erstaunt sein, was wir alles finden werden. Wir müssen jedoch ganz genau schauen, denn oft verstecken sie diese Dinge. Manchmal kann man sie nicht sehen, hört sie jedoch klimpern, oder man muss ganz tief danach graben. Auch wenn du es mir noch nicht glaubst, es wird eine großartige Schatzsuche werden, vertrau mir."

Zacharif war immer noch skeptisch, aber er wollte es seiner Mutter zuliebe zumindest versuchen.

Aufmerksam spazierten sie durch das Dorf und obwohl Zacharif immer noch zweifelte, hatte er seine Augen bereits überall. Er beobachtete alles ganz genau und ab und zu krabbelte er sogar auf allen Vieren durch die Wiese und versuchte zu erahnen, wo diese Schätze vergraben sein könnten.

Seine Mutter beobachtete ihn zufrieden. Sie liebte es, wenn sie ihm dabei zusehen konnte, wie sich seine Sinne schärften. Plötzlich blieb er stehen, endlich hatte er einen besonderen Schatz entdeckt.

„Mama, Mama, komm schnell", rief er aufgeregt, „ich habe einen Schatz gefunden." „Das ist ja schön, was ist es denn?", fragte seine

Mutter. „Es ist ein Zauberstab", antwortete Zacharif stolz. „Ein Zauberstab?", fragte sie interessiert, „Zeig ihn mir doch einmal." Aufmerksam betrachtete sie Zacharifs Zauberstab, ein schön geformtes Stück Holz, das er auf der Wiese gefunden hatte. „Schön, dass du ihn entdeckt hast", sagte sie und fuhr fort, „komm, wir suchen weiter, vielleicht finden wir noch etwas."

Sie spazierten weiter durchs Dorf und entdeckten tatsächlich noch andere Schätze: ein altes Radio, das noch funktionierte, und einen wunderschönen, goldenen Ohrring.

So sehr er sich auch bemühte, den zweiten konnte Zacharif einfach nicht finden. Er huschte durch das ganze Dorf, flitzte von einer Gasse zur nächsten und hielt nach neuen Schätzen Ausschau. Er suchte in den entlegensten Winkeln, kroch über die Wiese und spähte durch jedes noch so kleine Loch, das er finden konnte. Als sie fertig waren, hatte sich ganz schön viel angesammelt. Zacharif hatte alles in einen Sack gepackt, den sie nun nach Hause trugen.

„Da seid ihr ja wieder", freute sich sein Papa, als sie durch die Türe traten. „Wie war eure Schatzsuche?", fragte er. „Sie war genial", begann Zacharif aufgeregt zu erzählen. „Wir haben so viele versteckte Sachen gefunden. Sieh her, der ganze Sack ist voll!" Stolz hielt er den Behälter mit seinen Schätzen hoch. „Und ich habe auch eine Überraschung für dich!", sagte er aufgeregt und zog eine Batterie aus seinem Sack. „Du suchst doch schon so lange nach einer Batterie, ich habe eine für dich gefunden."

Mit diesen Worten überreichte er ihm die Batterie, die er hinter einem Busch vor der Schule der Kobolde gefunden hatte. Sein Vater lachte erstaunt: „Danke! Nach so einer suche ich tatsächlich schon sehr lange."

Zufrieden beobachtete die Mutter die Szene. Nachdem Zacharif seinem Vater die Batterie übergeben hatte, kam er auf sie zugelaufen und ließ sich in ihre Arme fallen.

„Danke, Mama, für diese wunderbare Schatzsuche", sagte er glücklich. „Können wir morgen wieder eine machen?" Seine Mutter lächelte zufrieden: „Sehr gerne." „Super!", freute er sich, „Dann geh ich jetzt mal rauf in mein Zimmer und mach meine Hausaufgaben." Kaum hatte er die Worte ausgesprochen, war er auch schon verschwunden. Verdutzt sah ihm sein Vater nach, dann wandte er sich an seine Frau: „Wie hast du das nur gemacht?"

„Weißt du", lächelte sie ihn an, „nicht nur Meditation kann dazu führen, dass man ruhiger wird. Gerade bei so aufgeregten und energiegeladenen Kobolden wie unserem Sohn ist es besonders wichtig, dass wir aktiv Zeit mit ihnen verbringen, ihre Sinne schärfen und ihnen dadurch Erfolgserlebnisse verschaffen.

Geben wir ihnen diese Möglichkeiten und haben wir etwas Geduld, schaffen sie es fast von allein, wieder bei sich selbst anzukommen." Seit dieser Zeit war die Schatzsuche ein fixer Bestandteil ihres Lebens und es machte nicht nur dem kleinen Kobold Spaß, sondern auch seinen Eltern.

„Eine Schatzsuche, das ist ja lustig! Dabei schärft er all seine Gedanken und Sinne.

Er muss alles genau ansehen und genau zuhören, wo er etwas rascheln hört. Gleichzeitig muss er mit seinen kleinen Fingern überall herumstochern, damit er spürt, wo etwas zu finden ist.

Das ist wirklich eine geniale Idee, die seine Mutter hatte.", verkündete Marla belustigt.

„Ja, Marla. Vielleicht kannst du auch selbst eine Schatzsuche mit deinen Eltern machen, wenn du Lust darauf hast." Natürlich hatte Marla Lust. Doch zu diesem Gedanken schlich sich noch ein anderer: „Ohje, meine alten Freunde... Ich hatte sie alle vergessen. Was bin ich nur für ein schlechtes kleines Fabelwesen?"
Das konnte Miranna nicht mitanhören: „Marla, du bist alles und nichts. Du darfst vergessen und du darfst dich wieder erinnern. Nun kommen wir zum letzten Teil des Waldes, dem Wald deines neuen Lebens.

„Höre genau hin, denn nun habe ich eine Überraschung für dich", sagte Miranna. Marla war aufgeregt. Sie spürte, wie das Herz von Miranna immer schneller zu schlagen begann. Fühle dich hinein und höre genau zu was nun passiert.

Wald deines Lebens

"Erwecke den Goldschatz in dir"

"Herzlich willkommen in meinem Zuhause!"

Verdutzt sahen sich die Obersten der Wälder an. Gemeinsam standen sie vor einem Schloss, das neu war. Als die Könige und Königinnen aller Wälder wollten sie nun den Herrscher dieses neuen Schlosses kennenlernen.

Sie hatten mit viel gerechnet, aber nicht damit, dass das Schloss mit ihnen sprechen würde. Zacharif, der oberste aller Kobolde, war der Erste, der seine Sprache wiederfand. Er räusperte sich und sagte: „Hallo, liebes Schloss. Ich muss zugeben, wir sind etwas verwundert darüber, dass du mit uns sprichst, wir haben mit einem Besitzer gerechnet, um ehrlich zu sein."

Die anderen Herrscher standen weiterhin stumm da und Jara, die oberste aller Feen, versteckte sich hinter Ferdinand, dem Obertroll. „Wer oder was bist du denn?", fragte Zacharif. „Ich bin das, was ihr seid", antwortete das Schloss.

Die Obersten sahen sich ratlos an. „Und was soll das sein?", fragte Tubi, der oberste aller Gnome. „Was sind wir und wie kannst du das sein, was wir sind? Wir sind doch alle anders. Ich bin ein Gnom, Kevin ein Klabautermann, Zacharif ist ein Kobold, Hagalif ein Zauberer, Ferdinand ein Troll und Jara eine Fee. Ich verstehe das nicht." Obwohl sie nur die Stimme hörten und das Schloss kein Gesicht hatte, waren sie sich sicher, dass das Schloss lächelte.

„Das weiß ich, lieber Tubi", antwortete das Schloss und Tubi war verwirrt darüber, dass das Schloss seinen Namen kannte. „Ich will dir helfen, auch wenn du es eigentlich schon selbst verstehst, dir dessen aber noch nicht bewusst bist.

Ich bin das, was ihr seid: Ich bin das Beste von euch allen. Tretet ein und seht euch um." Mit diesen Worten öffneten sich die Tore und die Freunde sahen sich verdutzt an. Sollten sie das wirklich tun? Ein Schloss betreten, das sie noch nie zuvor gesehen hatten und das noch dazu mit ihnen sprach?

Irgendetwas sagte ihnen, dass sie es einfach tun sollten und so betraten sie das Schloss. „Herzlich willkommen!", wiederholte das

Schloss seine Worte von vorhin und fuhr fort, „Nun seid ihr in meinem Inneren. Bitte folgt den Hinweistafeln und geht in den Keller." Das taten sie und als sie dort angelangt waren, sahen sie sich um.

Sie waren in einem großen Raum, der keine Ecken hatte, alle ‚Ecken' waren rund. Außerdem befanden sich die Tische und Sessel nicht auf dem Boden, sondern an der Wand – ein wirklich seltsamer Raum. „Ich weiß, was ihr nun denkt", sagte das Schloss. „Ihr fragt euch, warum ich euch ausgerechnet in den Keller geschickt habe, warum es hier keine Ecken gibt und warum sich die Tische und Stühle an den Wänden befinden." Die Obersten waren zu erstaunt, um zu antworten und nickten stattdessen verwundert.

„Ich möchte es euch erzählen", sagte das Schloss. „Die meisten Fabelwesen machen den Fehler, dass sie ihre Häuser gleich einrichten. Nehmt zum Beispiel das Esszimmer, es sieht fast bei allen gleich aus. In der Mitte befindet sich ein Tisch, rundherum ein paar Stühle und es gibt eine Lampe direkt über dem Tisch und ein großes Fenster, damit genug Sonnenlicht hineinfällt.

Ähnliches gilt auch für die anderen Zimmer: das Wohnzimmer, die

Küche, das Kinderzimmer – überall sieht es nahezu gleich aus. Hier ist es anders. Ich bin ein Schloss und jedes Schloss ist anders.

Ich habe gelernt, dass es nicht wichtig ist, so zu sein wie die anderen.

Es ist okay, wenn man anders ist und das möchte ich auch in meiner Einrichtung widerspiegeln. Außerdem beschreibt mich dieser Raum sehr gut und ich fühle mich hier pudelwohl. Ich halte mich lieber im Keller als auf dem Dachboden auf, esse lieber, wenn ich senkrecht an der Wand sitze und mag keine Ecken, weil sich in ihnen immer so viel Staub ansammelt und ich dann so viel putzen muss. Und ist euch noch etwas aufgefallen? Ihr habt mich nicht durch eine Tür, sondern durch ein Fenster betreten. An mir ist also alles anders."

Ferdinand, der Troll, war der Erste, der antwortete: „Liebes Schloss, bedeutet das, dass es sogar gut ist, anders zu sein?" „Das hast du richtig erkannt", bestärkte ihn das Schloss in seiner Vermutung. „Jeder Mensch ist anders, niemand ist gleich. Der eine kann außergewöhnlich gut rechnen, der andere schreibt wundervolle Geschichten, einer ist eine wahre Sportskanone und wieder ein anderer kann super gut reden." Die Obersten mussten gar nicht lange überlegen, um zu erkennen, dass das Schloss recht hatte.

Hagalif, der Zauberer, ergriff das Wort: „Da hast du vollkommen recht." Die anderen nickten zustimmend. Da vernahmen sie wieder die Stimme des Schlosses: „Wenn ihr euch da alle so einig seid, wieso macht ihr dann alle denselben Fehler und wollt mit anderen mithalten und das können, was die anderen auch können?" „Das stimmt doch gar nicht", protestierten die anderen, am lautesten Kevin.

Sie konnten fühlen, wie das Schloss nachsichtig lächelte. „Kevin, kannst du dich noch an die Geschichte mit der Kirschenmarmelade erinnern?", fragte es. „Ja, kann ich", gab dieser kleinlaut zurück. „Und Jara, du schönste aller Feen, wolltest du nicht auch mit all den schönen Feen im Internet mithalten und hast dich deshalb selbst verloren?" Nun musste Jara zugeben, dass das stimmte, sie blickte betreten zu Boden.

„Seid nicht beschämt deswegen, so geht es allen einmal. Jeder muss im Laufe seines Lebens erst erkennen, welche Talente und Begabungen in ihm schlummern und was ihn so einzigartig macht. In der heutigen Zeit, in der ihr lebt, ist diese Erkenntnis wichtiger denn je. Ihr lebt in einer Zeit, in der sich alle miteinander vergleichen und in der man sich leicht verlieren kann.

Dadurch vergesst ihr, wie wichtig es ist, anders zu sein. Jeder Einzelne von euch ist einzigartig und das ist gut so. Ihr könnt nicht in jedem Schulfach gut sein, jeder hat seine eigenen Talente. Es wird im Leben immer Dinge geben, die euch leichter fallen und solche, bei denen ihr euch mehr anstrengen müsst als andere. Das ist okay. Wichtig ist nur, was ihr daraus macht."

Die Obersten dachten lange darüber nach. Sie waren alle sehr erfahren und weise und hatten eigentlich gedacht, dass sie schon alles wüssten. Diese Erkenntnis war neu für sie. Sie dachten schon, das Schloss wäre fertig mit seinen Ausführungen, als es fortfuhr: „Achtet darauf, eure Stärken zu stärken und eure Schwächen dadurch auszugleichen. Und nehmt diese an, es ist völlig in Ordnung, dass ihr sie habt. Legt euren Fokus und euer Ziel auf eure Stärken, dann werdet ihr dort besonders glänzen und der Erfolg wird sich ganz von alleine einstellen."

Das Schloss ließ seine Worte kurz auf die Anwesenden wirken, dann fuhr es fort: „Kennt ihr Albert Einstein, den Begründer der Relativitätstheorie?" Die Obersten blickten sich fragend an. „Wen?", fragten sie.

„Albert Einstein war einer der wichtigsten Physiker der Geschichte. In der Schule war er sehr schlecht in Mathe, da hatte er sogar eine 5. Als er erwachsen war, erhielt er dann den Nobelpreis in Physik, eine der wichtigsten Auszeichnungen, die es gibt. Das eine hat also nichts mit dem anderen zu tun." „Er war also schlecht in Mathe, aber gut in Physik?", fragte Hagalif. „Das hast du richtig erkannt", antwortete das Schloss. „Er hat es geschafft, sich rein auf seine Stärken zu fokussieren und dadurch Großes erreicht. Das könnt auch ihr schaffen."

„Warte mal", warf Kevin ein, „ich verstehe das noch nicht so ganz. Ich bin immer noch verwirrt von den Tischen an den Wänden. Wenn wir alle du sind, sind wir dann alle einmal das Fenster, durch das wir eingetreten sind und einmal die Tische an den Wänden und dann wieder was anderes?" „So kann man es auch sagen, ja", antwortete das Schloss, „ihr seid alle ein Teil von mir. Ihr seid alle anders, und das ist euer größter Schatz. Seid anders, seid ihr selbst, denn nur so habt ihr die Möglichkeit, über euch hinauszuwachsen und ein Vorbild für andere zu sein.

Ihr habt es alle an eurer persönlichen Geschichte erlebt und genau das ist der Grund dafür, dass ihr zu den obersten Herrschern eurer Wälder geworden seid und ihr nun hier seid." Lebt die Freude, seid traurig, wenn ihr traurig seid und wütend, wenn euch etwas aufregt. Steht zu euren Gefühlen und lasst auch andere deren Gefühle ausleben.

Wenn andere Fabelwesen nicht nett zu euch sind, dann fragt sie, warum sie dies machen. Was steckt dahinter? Werdet die Detektive der Fabelwesen und hinterfragt, warum sie so sind, wie sie sind. Das macht Spaß und bringt euch den anderen nahe und Jara, viele Fabelwesen sehen gleich aus, was wäre, wenn wir uns alle unterschiedlich anziehen würden? Ein paar haben vielleicht eine große Nase, andere einen dicken Bauch und wieder andere lange Füße, dies sieht doch um einiges lebendiger aus, als wenn alle gleich aussehen".

Jara und die anderen Obersten ließen die Worte kurz auf sich wirken, dann ergriff Zacharif, der Kobold, das Wort. „Danke, liebes Schloss, du hast recht. Aber warum sind wir nicht selbst darauf gekommen?"

Das Schloss lachte so laut, dass die Wände erzitterten. „Weil ihr erst die magischen Wälder durchstreifen musstet, um mich zu erreichen.

Ihr musstet erst eure eigenen Erfahrungen sammeln, bevor ihr sie hier bei mir nutzen könnt. Hier regiert keiner von euch allein, ihr gehört alle zusammen. Ich bin euer Schloss, das Schloss im Innersten eurer selbst. Hier könnt ihr sein, wer ihr seid. Hier könnt ihr jederzeit auf eure Talente zugreifen, eure Gefühle ausleben, eure Begabungen entdecken, tun, was ihr liebt und herausfinden, was ihr aus eurem Leben machen wollt.

Achtet auf diese Dinge, dann werdet ihr ein glückliches und zufriedenes Leben führen. Und wenn ihr doch einmal verunsichert seid, könnt ihr euch jederzeit wieder auf die Reise machen, durch all die Wälder, die ihr durchstreift habt, bis ihr wieder bei mir ankommt. Beim nächsten Mal wird es euch schon viel leichter fallen schlimme Gedanken und Erfahrungen loszulassen, eure Träume zu verwirklichen, ungute Geheimnisse auszusprechen, mit euren Gefühlen umzugehen und eure Gedanken richtig einzuordnen. Seid gewiss: Ich werde immer auf euch warten und immer für euch da sein."

Die Obersten lächelten zufrieden und nachdem sie alle kurz in die Runde geblickt hatten, sagten sie: „Vielen Dank, liebes Schloss." Damit war alles gesagt.

„Gern geschehen", gab das Schloss mit seiner warmen Stimme zurück. „So, und nun geht wieder zurück in eure Wälder und unterstützt dort die Kinder, die euch um Hilfe bitten. Helft ihnen, sich selbst zu finden, denn nur dann haben sie die Möglichkeit über sich selbst hinauszuwachsen." Das taten sie und sie wussten, sie würden alles geben, weil sie anders waren und das war ihre größte Begabung.

„Da sind sie ja alle gewesen und ich weiß nun endlich, wie ich mich entscheiden werde! Ich weiß die Lösung! Miranna, ich danke dir von ganzem Herzen. Du bist so eine gute Seele, du hast mir geholfen! Ich weiß nun, welche Magie die meine ist."

Miranna lächelte innerlich: „Das freut mich sehr. Ich bringe dich nun wieder an deinen Platz zurück. Geh zu deinen Eltern und triff die richtige Entscheidung. Die Entscheidung, die für dich gut ist. Ich weiß, dass du es kannst".

Mit einem Ruck saß Marla wieder am selben Platz, an dem sie Miranna zum ersten Mal begegnet war.

Sie wischte sich ihre Tränen aus dem Gesicht und rannte so schnell sie konnte zurück zum Haus ihrer Eltern. Sie stieß die Tür auf und schrie laut und voller Euphorie: "Mama, Papa, ich bin wieder da! Ich habe eine Entscheidung getroffen! Ich weiß nun, wie ich mich entscheiden werde und was ich möchte."

Marlas Mutter rannte so schnell sie konnte die Treppen hinunter, nachdem sie die Stimme ihrer Tochter gehört hatte. „Marla! Endlich bist du wieder da", umarmte sie sie.

Marla war etwas schockiert: „Was meinst du mit endlich? Ich war doch nicht lange weg?" Nun würde sich herausstellen, ob Miranna die Wahrheit gesagt hatte. „Ich weiß", entgegnete Marlas Mutter, „es waren nur fünf Minuten, aber für mich fühlte es sich an, als ob du wochenlang weg gewesen wärst. Wir haben uns doch solche Sorgen gemacht."

Auch der Vater kam schnell angerannt, um seine Tochter in die Arme zu schließen. „Ich habe eine Entscheidung getroffen. Ich weiß nun welche Magie ich bevorzuge."

Die Eltern blickten sie gespannt und mit großen Augen an: „Wie hast du dich entschieden, liebes Kind? Möchtest du der weißen Magie beitreten?", fragte die Mutter. „Oder möchtest du dich der grauen

Magie anschließen?", fügte der Vater hinzu.

Marla wartete ein paar Sekunden ab, bevor sie ihre endgültige Entscheidung verkündete. Mit angeschwellter Brust und einer geraden Körperhaltung blickte sie beide an. „Ich entscheide mich für", sie spürte, wie ihr Herz anfing immer schneller zu schlagen und ein Schwall von Energie durch ihren Körper strömte, bevor sie es wirklich aussprach, „ich entscheide mich für die Magie!"

Ihre Eltern waren verwirrt. „Aber Marla, du hast das wohl falsch verstanden. Du musst dich entscheiden, ob du entweder die weiße Magie annehmen möchtest oder lieber die graue Magie." Marla lächelte. Aber nicht mit ihrem Mund, sondern mit ihren Augen, genauso wie sie es von Miranna gelernt hatte.

„Nochmal liebe Eltern: Ich entscheide mich für die Magie. Aber ich werde mich nicht für nur eine einzige Richtung der Magie entscheiden.

Ich werde von dir, liebe Mama, alles, was ich von dir als gut empfinde und was sich in mir gut anfühlt, annehmen. Ich werde von der weißen Magie lernen, wie ich anderen Wesen helfen und sie stärken kann.

Und von dir, lieber Papa, werde ich lernen, was meine Grenzen sind. Ich werde auch lernen "Nein" zu sagen und ich werde umsetzen, dass ich nicht alles tun muss was andere mir sagen."

Marlas Eltern verstummten. Ihre Gesichter wurden blass und sprachen für sich. Die Mutter setzte sich hin: „Aber Marla", stotterte sie, „das ist deine Entscheidung?" Der Vater hingegen lächelte und Sekunden später lachten beide Elternteile lauthals los. „Marla!", ihr Vater fand als Erstes die Sprache wieder, „um ehrlich zu sein, ist das wohl die beste Entscheidung, die du jemals getroffen hast."
Marla lachte und war richtig stolz auf sich: „Wisst ihr, liebe Mama und lieber Papa, ich weiß nun, dass ich mich jeden Tag neu entscheiden kann.

Ich habe gelernt, dass alles okay ist, so wie es ist, und ich weiß nun auch, dass es in Ordnung ist, dass man manchmal wütend ist. Das habe ich von alten Freunden gelernt, die ich schon gekannt hatte, bevor ich zu euch kam, und nun wieder traf.

Auch zeigten sie mir, dass es völlig in Ordnung sei manchmal traurig zu sein und dass jeder auch Phasen hat, in denen man am liebsten die ganze Welt umarmen möchte und dann gibt es wieder wütende Zeiten.

Es ist in Ordnung, dass mir manchmal nicht bewusst ist, was eigentlich alles in mir schlummert und was richtig ist. Ich darf mich jeden Tag neu entscheiden mit der Macht meiner Gedanken."

Die Mutter machte einen Schritt auf Marla zu und umarmte sie: „Liebes Kind, von welchen Freunden sprichst du denn?" „Ach Mama", sagte Marla mit einem Lächeln, „du hast keine Ahnung, was ich heute alles erlebt habe.

Ich habe Miranna kennengelernt! Das ist vielleicht eine Verrückte. Und ich habe Kevin wiedergetroffen und Jara. Auch Zacharif und Hagalif begegnete ich wieder und Tubi, dem alten, jungen Gnom." Der Vater ging nun auch auf Marla zu: „Hast du vielleicht geträumt?"

Marla lächelte: „Ja Papa, wahrscheinlich hatte ich einen der schönsten Träume in meinem ganzen Leben und der hat mir sehr geholfen."

In ihrem Innern wusste Marla, dass die Begegnungen ein Geheimnis blieben, das sie für sich behalten würde und immer, wenn sie ratlos war, wusste sie, wo sie Miranna finden konnte.

Am Eingang des magischen Zauberwaldes.

Nachwort

Liebe Kinderseele,

In diesem Buch hast du nun gemeinsam mit Marla eine Reise zu deinem besonderen und innersten "Ich" gemacht.

Du hast den Wald des Loslassens hinter dich gebracht, den Wald der Gedanken, der Kommunikation, der Gefühle, deiner Träume und Visionen und auch den Wald der Geheimnisse entdeckt.

Du hast Geschichten über die Ober-Fabelwesen gehört, hast eine Entscheidung mit Marla getroffen und Miranna kennen und sogar sehen gelernt.

Glaube mir eins, auch wenn du anders bist, wenn du dich komisch fühlst oder du das Gefühl hast, dass du nicht in diese Welt passt, so möchte ich dir sagen:

„Du bist gut so wie du bist"

Verzweifle bitte nie und habe stets die Hoffnung und die Zuversicht, dass es irgendwo in der Welt draußen Menschen gibt, die dich verstehen. Ich verstehe dich, denn ich bin dir sehr ähnlich.

Ich wünsche dir in deinem neuen Leben und in deinem eigenen ganz besonderen Schloss viel Erfolg und viele tolle Momente.

Ich habe noch eine Überraschung für dich, denn ich habe neben diesem Buch noch eine Zauberwald App, ein Hörbuch und ein Brettspiel für dich erstellt:

Alles findest du auf: www.die-umdenkerei.com

Mit dieser App hast du zusätzlich die Möglichkeit, dir Spielkarten mit lustigen Übungen direkt aus den Wäldern der Oberfabelwesen auf dein Handy oder das deiner Eltern zu laden.

In diesem magischen Zauberwaldspiel werden dir spezielle lustige und interessante Übungen aus den einzelnen Wäldern gezeigt, die dir den Alltag erleichtern, dich mit deinen Eltern und mit deinen Freunden verbinden und mit denen du über dich selbst hinauswachsen kannst.

Das „Hörspiel" des magischen Zauberwalds begleitet dich durch die Geschichten der Oberfabelwesen und lässt dich an der einen oder anderen Stelle zittern. Doch du weißt innerlich, alles wird gut.

Eines ist sicher, du kannst alles werden, was du möchtest:

Wenn du daran glaubst und tiefes Vertrauen in dich und dein Leben hast. Mit ein paar kleinen Regeln, die uns das Leben vorgibt, hast du die Chance, die beste Version deines kleinen Ichs zu werden.

Ich glaube an dich!

Deine Birgit

Marla und Ihre Abenteuer
gibt es auch als App!

Die App „Magischer Zauberwald", mit den Hauptfiguren Marla und Miranna wurde speziell für Kinder entwickelt und enthält das komplette Hörbuch „Magische Geschichten vom Zauberwald" mit einer Gesamtlänge von über 2 Stunden.

Autorinnen

Birgit Jankovic-Steiner, MSc

Birgit Jankovic-Steiner (*1983) ist meine Erschafferin. Sie arbeitete nach dem Studium der psychosozialen Beratung als Unternehmensberaterin und Wirtschaftstrainerin.

Ihre Methoden reichen vom selbstentwickelten Besteller der Feeling-Code über systemisches Coaching, intuitives Consulting bis hin zur magischen guten Hexenlehre.

Ihr neuestes Buch für Erwachsene ist: Die Hexenschule "Magie, Mystik und altes Wissen für moderne Hexen"

Sie ist bodenständig, hat vieles erlebt und dadurch gelernt, dass "anders sein" der Grund ist, um ein zufriedenes, glückliches und abenteuerliches Leben zu leben.

Jankovic-Steiner ist vierfache Stiefmutter (Bonusmum) wie sie es betitelt, zweifache Tante und hat schon früh gemerkt, dass die Arbeit mit Kindern meist effektiver ist als die mit Erwachsenen, denn so können viele Herausforderungen erst gar nicht entstehen.

Die Stärkung von unseren Jüngsten liegt ihr besonders am Herzen und deshalb spendet sie die Erlöse an gemeinnützige Organisationen für Kinder.

Mag.phil Anna Bacher, BA

Unterstützung bei meiner Erschaffung bekam Birgit Jankovic-Steiner von ihrer Schwester Anna Bacher.

Sie hat das Bachelorstudium in Erziehungs- & Bildungswissenschaft sowie auch das Masterstudium der Erwachsenen- & Weiterbildung an der Karl-Franzens Universität abgeschlossen.

Zusätzlich ist sie Diplomsozialbetreuerin mit den Schwerpunkten Familienhilfe, Pflegehilfe und Behindertenarbeit. Außerdem ist sie eine qualifizierte Traumapädagogin sowie traumazentrierte Fachberaterin.

Vor allem aufgrund ihrer Tochter, sieht sie Kinder als die wertvollsten Wesen unserer Welt an. Weshalb es ihr ganz besonders am Herzen liegt, diese zu stärken und ihnen Kraft zu schenken, die Unruhe im aktuellen Weltgeschehen gut zu verkraften und damit umgehen zu lernen.

Buchtipp

Die Hexenschule
Magie, Mystik und altes Wissen für moderne Hexen.

Was bringt die Zukunft? Wie kann ich mit der Natur in Einklang leben? Was stärkt meine weibliche Kraft? Birgit Jankovic-Steiner ist das, was wir eine moderne Hexe nennen: feminin, magisch und stark. In der „Hexen-Schule" gibt sie einen umfassenden Einblick in die Grundlagen der weißen Magie.

Haftungsausschluss

Die Umsetzung aller enthaltenen Informationen, Anleitungen und Strategien dieses Buchs erfolgt auf eigenes Risiko. Für etwaige Schäden jeglicher Art kann der Autor aus keinem Rechtsgrund eine Haftung übernehmen. Für Schäden materieller oder ideeller Art, die durch die Nutzung oder Nichtnutzung der Infor- mationen bzw. durch die Nutzung fehlerhafter und/oder unvollständiger Informationen verursacht wurden, sind Haftungsansprüche gegen den Autor grundsätzlich ausgeschlossen. Ausgeschlossen sind daher auch jegliche Rechts- und Schadensersatzansprüche. Dieses Werk wurde mit größter Sorgfalt nach bestem Wissen und Gewissen erarbeitet und niedergeschrieben. Für die Aktualität, Vollständigkeit und Qualität der Informationen übernimmt der Autor jedoch keinerlei Gewähr. Auch können Druckfehler und Falschinforma- tionen nicht vollständig ausgeschlossen werden. Für fehlerhafte Angaben vom Autor kann keine juristische Verantwortung sowie Haftung in irgendeiner Form übernommen werden.

Urheberrecht

Alle Inhalte dieses Werkes sowie Informationen, Strategien und Tipps sind urheberrechtlich geschützt. Alle Rechte sind vorbehalten. Jeglicher Nachdruck oder jegliche Reproduktion – auch nur auszugsweise – in irgendeiner Form wie Fotokopie oder ähnlichen Verfahren, Einspeicherung, Verarbeitung, Vervielfältigung und Verbreitung mit Hilfe von elektronischen Systemen jeglicher Art (gesamt oder nur auszugsweise) ist ohne ausdrückliche schriftliche Genehmigung des Autors strengstens untersagt. Alle Übersetzungsrechte vorbehalten. Die Inhalte dürfen keinesfalls veröffentlicht

Impressum

© Birgit Jankovic-Steiner 2020
1. Auflage
Alle Rechte vorbehalten.

Herstellung und Verlag
BoD – Books on Demand, Norderstedt
ISBN: 9783752692372
Nachdruck, auch in Auszügen, nicht gestattet.

Kein Teil dieses Werkes darf ohne schriftliche Genehmigung des Autors in irgendeiner Form reproduziert, vervielfältigt oder verbreitet werden.

Kontakt: Birgit Jankovic-Steiner, Onno-Klopp-Gasse 11/Top 2, 1140 Wien, Österreich

Bibliografische Information der Deutschen Nationalbibliothek:
Die Deutsche Nationalbibliothek verzeichnet diese Publikation in der Deutschen Nationalbibliografie; detaillierte bibliografische Daten sind im Internet über dnb.dnb.de abrufbar.

Lightning Source UK Ltd.
Milton Keynes UK
UKHW030856190122
397393UK00006B/275